RADICAAL

Springlevend

VOORBIJ MISBRUIK

DR. LISA COONEY

RADICAAL
Springlevend
VOORBIJ MISBRUIK
Dr. Lisa Cooney

DANKWOORD

Ik ben onuitsprekelijk dankbaar voor:

Gigi, Donna, Ramona, Mathes, Sage, Mandi, Laura, Tara, Linda, Reid, Krista, Jen, Megan, Sage, Anna Lena, Rebecca, Linda en de andere talloze zoekenden die onvermoeibaar achter de schermen hebben gewerkt, die mij de weg wezen bij deze creatie door te zorgen voor de logistieke afhandeling, zodat ik kon reizen en radicaal springlevend kon zijn voor degenen die moeite hebben en nog steeds worstelen om verder te gaan na het verleden en misbruik.

Erica Glessing, CEO van Happy Publishing, voor het leggen van het contact, het erkennen van mijn talent en het stimuleren van acht internationale bestsellers op de eerste plaats, wat heeft geleid tot grote professionele bekendheid en nog meer.

Bedankt, Happy Publishing, voor het verlenen van volledige toestemming voor het toevoegen van content die al in andere Happy Publishing-boeken was opgenomen.

Gary Douglas en Dr. Dain Heer en de tools van Access Consciousness®. Ik was zo de weg kwijt toen ik jullie vond. De dood van een ouder was een drijfveer om iets heel anders te zoeken. Wat ik heb gevonden onder de lagen van trauma en misbruik, door jullie beider vakkundige begeleiding, vriendelijkheid en expertise was mijzelf. Wat jullie beiden zijn en doen, is een inspiratie en een geschenk. Hartelijk dank.

Sandra Rogers, de uitvoerend producent van mijn Voice of America Empowerment Radio Show en Voice of America, die mij opzocht en mij in de uitzending bracht. Mijn passie om de wereld van misbruik te ontdoen en alle mensen in staat te stellen om radicaal springlevend te leven, werd door deze show versterkt.

Mijn stem wordt nu gehoord en kan overal op de wereld in elk land of elke stad met internet gehoord worden. Het maakt niet uit waar iemand is, en of ze worstelen met hoe ze verder kunnen gaan na misbruik, en een leven van radicaal springlevend zijn leven, ze kunnen naar de show luisteren en dit boek lezen.

En er komt nog zoveel meer....

De afgelopen 20 jaar heb ik mijn leven gewijd aan het helpen van anderen om los te breken uit de 'gevangenschap van misbruik' en een zinvol en gelukkig leven op te bouwen voor zichzelf. Ik heb met duizenden klanten gewerkt die dolenthousiast zijn over de schitterende resultaten die ze hebben behaald door de manier van facilitering die ik hen aanbied - één die in balans is met de potentie, de 'sexueel-heid' (de energie van ontvangen) en de kwetsbaarheid.

Dit boek geeft je een inkijkje in dit werk waarmee je niet alleen een verleden van misbruik kunt overwinnen, maar dat je ook vooruitstuwt, voorbij alles wat je tot nu toe tegenhield om het leven ten volle te leven.

Als erkend psychotherapeut besteedde ik het begin van mijn carrière de meeste tijd aan het volgen van de traditionele denkwijze over hoe mensen zouden kunnen helen van trauma en misbruik. En het zou waarschijnlijk nog zo doorgegaan zijn als ik niet zelf mijn eigen beste student was geweest. Je zou kunnen zeggen dat ik alles wat ik heb geleerd, op de harde manier heb verworven – door ondervinding.

Je zou kunnen zeggen dat ik alles wat ik heb geleerd, op de harde manier heb verworven – door ondervinding.

Laat mij het uitleggen ...

De eerste twee decennia van mijn leven was ik vreselijk ongelukkig. Toen ik begin twintig was, probeerde ik mezelf te verdoven door drank en drugs te gebruiken en te feesten. Ik had overgewicht en gaf totaal niet om mezelf.

Een nacht werd mijn roekeloze gedrag bijna mijn dood.

Weet je, ik ben opgegroeid in een zeer gewelddadig huishouden. Ik werd seksueel, fysiek en emotioneel misbruikt vanaf het moment dat ik een baby was, tot na mijn twintigste.

Ik voelde me schuldig, hulpeloos en leefde de hele tijd in angst en vrees. Niets van wat ik deed leek te helpen en gelukkig worden leek een hopeloze zaak. Het leek me onmogelijk om zelfs maar te leven. Het misbruik had controle over elk aspect van mijn leven.

Alles voelde verkeerd, inclusief ikzelf. Ik heb nooit het gevoel gehad dat ik ergens op mijn plaats was. Het enige waar ik blij van werd, was alcohol en ontsnappen. Ik dronk of snoof alles wat ik te pakken kon krijgen om maar niets te hoeven voelen. Het voelde als de beste manier om te leven: versuft en verward.

Toen ik ging studeren aan de universiteit, liep ik met voorovergebogen schouders en terneergeslagen ogen over de campus. Op een dag nam een professor contact met mij op en vroeg of het goed ging met mij. Niemand had mij dit ooit eerder gevraagd. Niet eenmaal.

Mijn ogen vulden zich onmiddellijk met tranen.

Door haar besefte ik dat wat ik had ervaren en waarmee ik leefde, te behandelen was, en ze gaf me de hoop dat ik eroverheen zou kunnen komen en een nieuw leven voor mezelf zou kunnen opbouwen. En dat is precies wat ik heb gedaan.

Tegenwoordig leef ik mijn droomleven, meer nog dan ik me ooit had voorgesteld: ik reis over de hele wereld voor mijn werk en voor mijn plezier, en ik faciliteer trainingen over 'Radicaal Springlevend Voorbij Misbruik' en 'Energie Ontvangen met onze lichamen'. Ik woon in een prachtig huis dat ik deel met iemand waar ik gek op ben. Ik ben omringd door 25 hectare prachtig land, 20 paarden, 3 honden en nog veel meer. Ik heb innige, koesterende en ondersteunende relaties met vrienden en geliefden. Ik leef volop en kies altijd voor meer.

Het maakt niet uit wat mijn vroegere trauma's en tragedies zijn geweest, ik ben me ervan bewust dat ik keuzes maak die daar verder gaan dan dat. Ik ben gelukkig—het gelukkigst dat ik ooit met mezelf ben geweest. Ik kan mezelf eindelijk 'ontvangen' en blijf nieuwe manieren leren om dit te doen.

MISBRUIK KENT GEEN GRENZEN

Misbruik bestrijkt van nature een breed gebied.

Het overkomt ons en het gebeurt in ons - en handhaaft zichzelf in alle hoeken en gaten van onze ervaring.

Het komt tot uiting in de manier waarop je denkt, praat, handelt en niet handelt.

Het blijkt uit je financiën, je vermogen om geld te verdienen, het soort banen of werk dat je kiest.

Het komt naar voren in elke relatie die je hebt - van de

buurman verderop, de vrienden die je hebt of de partner waaraan je je verbindt.

Of waar je je niet aan verbindt.

Het komt tot uitdrukking in je gezondheid, de manier waarop je lichaam eruit ziet en functioneert en het voedsel dat je eet.

En ik zou zo door kunnen gaan ...

Het maakt niet uit waar je je ervaring kunt plaatsen op het continuüm van misbruik. Het belangrijkste is om deze ervaringen te erkennen en uit te dagen. Misschien heb je van kinds af aan X meegemaakt, zoals het trauma en de verschrikkingen die ik meemaakte. Of misschien zijn je ouders gescheiden toen je nog jong was en heb je je vader (of moeder) nooit meer gezien. Misschien hadden je ouders ruzie over geld en kost het je nu moeite om zelf de kost te verdienen.

Ongeacht het bereik of de omvang ervan... het is allemaal welkom hier.

We leven in een allesomvattend Universum.

ONTSNAPPEN EN OP WEG NAAR DE VRIJHEID

Hoe zou het voor jou zijn om te leven voorbij je huidige ervaring? Welke dromen koester je diep in je hart? Wat voor fluisteringen van het bewustzijn hoor jij?

Misschien weet je het, en misschien ook niet. Niet iedereen die naar mij toekomt, weet vanaf het begin bewust wat ze willen. Jaren van ontkenning, oordeel en misbruik eisen hun tol, en soms is alles wat je nog over hebt slechts een flard van leven, dat je nauwelijks overleven kunt noemen.

Dit boek laat zien hoe je los breekt van iets dat ik de 'onzichtbare kooi van misbruik' noem.

Het zal je nieuwe ideeën geven over wat er mogelijk is en concepten waar je wat mee kunt op elk moment en overal in je leven.

En het maakt niet uit of je een verleden van misbruik hebt meegemaakt of niet, deze principes en tips werken voor iedereen.

Aan de andere kant, als je een verleden van misbruik meedraagt, dan is het misschien wel een reddingsboei.

Eén opmerking vooraf: als je merkt dat sommige van de concepten - en de taal - die ik gebruik nieuw voor je zijn, is dat een goed teken. Nee, het is geen tikfout, maar een manier om iets uit te leggen dat zijn oorsprong vindt in de bepaalde modaliteiten die ik gebruik. Omdat ik, ook al ben een geregistreerd psychotherapeut, ik ook ben opgeleid en gecertificeerd in vele soorten alternatieve geneeswijzen, dus soms komt mijn woordkeuze daaruit voort. (Als je meer wilt weten, bezoek dan mijn website op www.DrLisaCooney.com.)

Eén ding is zeker ...

Eén ding is zeker: als je toepast wat je hier leest, dan zul je je losmaken van alles wat je kwelt of wat je verhindert om te kiezen wat jij wilt creëren.

Dit brengt je op weg naar wat ik Radicaal Springlevend noem ... en ik kan niet wachten om het met je te delen.

Laten we beginnen!

Dr. Lisa Cooney

OPGEDRAGEN AAN JOU

Dit boek is opgedragen aan jou, de lezer. Bedankt dat je hebt gekozen voor een nieuwe mogelijkheid voor jezelf. Dank dat je ervoor hebt gekozen je te bevrijden van je verleden. Dank dat je weet dat, ongeacht wat jouw tragedie, trauma of beperking moge zijn of geweest mag zijn, je een machtige en krachtige schepper bent van ongekende grootte en dat je altijd keuzes kunt maken die verder gaan dan je omstandigheden.

Als je enigszins op mij lijkt, dan kun je weleens, of zelfs heel vaak, ten prooi zijn gevallen aan de ongemakken van depressie, ziekte, gebrek en eenzaamheid. Ik ontdekte dat de hulpmiddelen en woorden in dit boek mij significant hielpen in mijn herstel om de meest complete en vrijste versie van mezelf te hervinden. Ik koos voor eenvoudig en pragmatisch. Ik hoop dat ze ook voor jou van pas zullen komen.

Ik weet dat bij trauma en misbruik de zaken niet altijd eenvoudig zijn en dat de kans groot is dat je je overweldigd voelt. Moge je vrede en zelfs troost vinden in de wetenschap dat zolang je nooit opgeeft, nooit het bijltje erbij neergooit en nooit de handdoek in de ring gooit, deze woorden ook voor jou kunnen werken.

Moge dit boek je inspireren en je traumatische ervaringen transformeren naar een staat van Radicaal Springlevend Voorbij Misbruik.

Mijn vriend:

Kies altijd voor JOU,

Committeer je altijd aan jezelf

Werk altijd samen met het Universum dat Samenspant om JOU te zegenen en Creëer altijd voor en met JOU

Dr. Lisa Cooney

HOOFDSTUK 1

VERDER GAAN DAN DE ONZICHTBARE KOOI VAN MISBRUIK

Verder gaan is een simpele kwestie. Wat het achterlaat, is moeilijk.

— *DAVE MUSTAINE*

'Kun je mij de details geven van het misbruik uit je vroege jeugd?' Er viel een lange stilte nadat mijn redacteur mij deze vraag had gesteld. Ze had onlangs de eerste versie van mijn boek, "Geef Misbruik een Schop onder de Kont", bekeken en wilde meer details weten over mijn vroegere misbruik. Ik vroeg haar om mij een moment te geven, zodat ik alles terug kon halen.

Ruim acht minuten later begon ik de details op te sommen. Tijdens die acht minuten scande ik mijn lichaam en was verbaasd te ontdekken dat de twee decennia van fysiek, seksueel, emotioneel, financieel, spiritueel en fysiologisch misbruik die ik had ervaren, geen deel meer uitmaakten van mijn lichaam—hoewel ik me de zwaarte van al het gepleegde misbruik wel kon herinneren.

Terwijl ik de details met haar deelde, had ik het gevoel dat ik het verhaal van een klant of een vriend deelde, niet het mijne. Ik dissocieerde niet en zonderde me niet af van mezelf; eerder voelde ik dat ik mijzelf belichaamde voorbij mijn verhaal van misbruik.

Ik glimlachte toen ik me realiseerde hoe ver ik was gekomen op mijn reis om over het misbruik heen te komen.

In het Engels: "Kick Abuse in the Caboose"

Eén van de dingen die mij enorm hebben geholpen, was het lezen van zelfhulpboeken—zoals jij dat nu doet—waarbij ik de zinnen markeerde totdat de woorden van de pagina sprongen en mij raakten, en mij een glimp van een andere realiteit boden. Het besef dat anderen begrepen wat ik meemaakte, gaf me hoop.

En ik ontdekte dat ik zeker niet de enige was.

Ik probeerde ook andere dingen uit: ik probeerde het misbruik van me af te wandelen, mediteerde, zwom en fietste. Ik zocht professionele hulp en behaalde zelfs een masterdiploma en een doctoraat in de psychologie. Ik committeerde mij aan voortdurende klinische, energetische en psychologische scholing, vastbesloten om een manier te vinden voorbij het misbruik.

Terwijl ik workshop na workshop faciliteerde en anderen bevrijdde van hun misbruik, bevrijdde ik uiteindelijk ook mezelf. En daar ben ik niet gestopt. Ik blijf mij inzetten om misbruik in al zijn vormen uit te bannen en te elimineren van deze planeet door de 'Live Your ROAR'-beweging.

VOORBIJ MISBRUIK: EEN NIEUW PARADIGMA VOOR HELING

. . .

Misschien heb je misbruik meegemaakt, of het nu seksueel, fysiek, spiritueel, financieel of emotioneel was. Het zou een enkel incident kunnen zijn geweest of een reeks gebeurtenissen.

Misschien heb je al een enorme hoeveelheid tijd en energie geïnvesteerd in het herstellen van je misbruikervaring en heb je niet het gewenste resultaat bereikt. Dat is begrijpelijk. Ik heb helaas moeten vaststellen dat veel van de methoden en praktijken die vóór mijn benadering werden gebruikt om over misbruik heen te komen, uitgingen van het idee dat we onszelf moeten herstellen door ons te definiëren aan de hand van ons misbruikverhaal.

Ik geloof niet dat we iets aan onszelf hoeven te repareren om vrij te kunnen zijn. Wanneer we dit concept hanteren, gaan we ervan uit dat er iets mis is met ons en zoeken we naar oplossingen om een probleem op te lossen. Het wordt een eindeloze cyclus. En we bereiken nooit de eindstreep, omdat we ons nooit 'hersteld' of 'heel' voelen. In plaats daarvan vind je jezelf ronddraaiend, je afvragend of het ooit zal eindigen, wachtend op de dag dat je eindelijk 'genezen' bent. Het helen van misbruik gebeurt laag voor laag, vaak in vele lagen, waarbij gefocust wordt op wat er wel klopt aan jou, wat de basis vormt om jezelf te empoweren voorbij het misbruik.

Dit hoofdstuk, waarvan gedeelten zijn overgenomen uit mijn volgende boek, "'Geef Misbruik een schop onder de Kont"*, beschrijft een nieuwe manier van helen voorbij misbruik.

Je zult erachter komen dat je niets hoeft te repareren en dat je niet gedefinieerd hoeft te worden door je misbruik. Je zult ook zien dat je een bewuste keuze kunt maken om een einde te maken aan wat jou is aangedaan en niet langer toe te staan dat die ene gebeurtenis of reeks van gebeurtenissen je hele leven domineert.

DE ONZICHTBARE KOOI VAN MISBRUIK

Ik heb een groot deel van mijn leven in een onzichtbare kooi doorgebracht.

Ik zeg dat het onzichtbaar was omdat ik, ondanks dat ik erin verbleef als een stille gevangene, niet eens wist van het bestaan ervan. Het kostte me tientallen jaren om het te benoemen, laat staan het om te vormen tot een verhaal dat ik met de wereld kon delen. Maar elke keer dat ik met iemand die misbruik heeft meegemaakt over de onzichtbare kooi spreek, zie ik een blik van herkenning, vaak opluchting, over hun gezicht glijden. Mogelijk heb jij nu, terwijl je deze woorden leest, een vergelijkbare reactie.

Deze kooi bevat een subtiel oordeel over jou dat je als waar aanneemt—dat je fout bent. Met andere woorden, je beschouwt jezelf als slecht of verkeerd vanwege het misbruik dat heeft plaatsgevonden. Dit "fout zijn" wordt het filter waardoor je de realiteit ervaart en waarneemt. Als gevolg daarvan creëer je je leven vanuit deze schending, en houd je jezelf in gevangenschap

In het Engels: "Kick Abuse in the Caboose"

Jouw kooi is als een geest die continu in je oor fluistert, vooral als je voor uitdagingen staat. Zelfs als het leven goed gaat, houdt het niet op. Sterker nog, op deze momenten wordt het waarschijnlijk luider in een wanhopige poging om je in de kooi van misbruik te houden. Levend binnen de grenzen van de kooi, word je vastgehouden op een plek die vertrouwd is. Er gaat een vreemd gevoel van troost uit van deze grenzen, hoe graag je ook daarbuiten wilt leven.

De kooi is gebaseerd op gebrek, beperkingen en leugens.

De kooi berooft je van je vrijheid, plezier en mogelijkheden. Leven in de kooi betekent leven zonder stem. Je kunt wellicht spreken en functioneren in de maatschappij, maar een deel van jou blijft geïsoleerd, tot zwijgen gebracht en afgesneden van de werkelijkheid—een deel dat binnenin jou leeft, afgestompt en verdoofd.

De pijn van het leven in de kooi kan soms zo intens worden dat je er voor kiest om er helemaal niet meer te zijn. Je kunt verdoofd raken of mentaal uitchecken om de pijn te ontvluchten. Dit kan iets zijn wat je regelmatig gedurende de dag doet, door uit je lichaam te 'ontsnappen'. Je kunt je toevlucht nemen tot eten, alcohol, drugs of medicijnen om nog verder te ontsnappen.

Je wordt een omhulsel van degene die je werkelijk bent.

Je vraagt je misschien af waarom je aan zelfsabotage doet, terwijl wat je eigenlijk doet, is functioneren vanuit datgene waar de kooi voor bedoeld is: vechten tegen het leven en er 'nee' tegen zeggen vanuit een plaats van beklemming, in plaats van het leven te omarmen en 'ja' te zeggen vanuit een plaats van expansie. In de kooi blijf je reageren op het leven vanuit de patronen van misbruik, wat het gepleegde misbruik levend houdt.

Misschien heb je ook gemerkt dat als je leeft vanuit de kooi van misbruik, dit doorwerkt op alle andere vlakken van je leven. Wanneer je de wereld filtert door de lens van misbruik, lijkt het alsof je er nog meer van aantrekt, wat leidt tot nog meer zelfverwijt. Gezegdes als "Je creëert je eigen realiteit" voelen dan niet behulpzaam. Wanneer het patroon van misbruik zichzelf voortdurend bestendigt en je niet weet hoe het te stoppen, draagt dat bij aan het gevoel dat er iets mankeert aan je.

Wat vaak vanuit de kooi gebeurt, is dat misbruik onze realiteit vertroebelt en onze perceptie verdraait tot een lichte vorm van waanzin. Wat echt lijkt, kan onecht zijn en omgekeerd. We vinden onszelf mensen vertrouwend die we niet zouden moeten vertrouwen, en mensen wantrouwend die we wel zouden kunnen vertrouwen. We kunnen mensen tegenkomen die alles vertegenwoordigen wat we zeggen te willen bereiken, maar we duwen ze weg omdat verbinden met hen zou betekenen dat we ons buiten onze kooi moeten begeven, en dat voelt oncomfortabel.

Als je hebt rondgelopen met die onzichtbare kooi van misbruik, dan ben je er waarschijnlijk van uitgegaan dat dat je enige keuze was. Voor velen waarmee ik heb gewerkt, is het aanvankelijk verwarrend om te beseffen dat ze een keuze hebben. We zijn gaan geloven dat, omdat we misbruik hebben meegemaakt, ons leven voor altijd doordrongen zal zijn van lijden. Je leven tot nu toe heeft je mogelijk genoeg bewijs geleverd dat dat het geval is.

En toch is leven als een stille gevangene in de onzichtbare kooi van misbruik niet je enige keus.

WORD VRIENDEN MET DE KOOI VAN MISBRUIK

. . .

Wat ik heb ontdekt bij het ondersteunen van tienduizenden mensen over de hele wereld om over misbruik heen te komen, is dat we onze weg uit die kooi niet persé vinden door een makkelijke oplossing.

Ten eerste moeten we ons bewustzijn vergroten en de kooi erkennen.

Op dit moment word je je misschien voor het eerst bewust van het bestaan van de kooi. Mensen zeggen vaak: "Oh, is dat het?" als ze mij horen praten over de kooi en woorden geven aan iets dat meestal onbenoemd blijft.

Het is alsof er de hele tijd een olifant in de kamer heeft gezeten die zijn behoefte deed terwijl iedereen er stilletjes omheen liep. We negeren het niet langer. Het stinkt en nu gaan we er iets aan doen.

Nadat je het bestaan van de kooi hebt erkend, ga je accepteren dat je daarin hebt geleefd. In zekere zin is de kooi eigenlijk je grootste bondgenoot geweest in healing: *het beschermde je in een tijd dat je bescherming nodig had.*

Het mooie is dat als je de kooi omarmt en tegelijkertijd ook kiest voor iets anders dan dichtklappen, je verzacht. Je staat open voor de mogelijkheid om in verbinding te staan met je pijn. Uiteindelijk is dit de enige manier om de spijlen van de kooi te verwijderen en echte vrijheid, vreugde en mogelijkheden te ervaren die daarbuiten bestaan.

Om uit de gevangenis te lopen, hoef je eigenlijk niets 'terug' te krijgen. Dit is waar mijn aanpak radicaal verschilt van wat je misschien in andere therapievormen hebt meegemaakt. In plaats daarvan leer je hoe je verschillende soorten keuzes kunt maken die het misbruik niet voortzetten. Je ontdekt hoe je je met jezelf kunt verbinden voorbij de waanzin die de kooi in eerste instantie heeft veroorzaakt. En je kiest ervoor te leven zonder dat je datgene wat er met je is gebeurd (of het nu een enkele handeling of een reeks van gebeurtenissen was) tot het middelpunt van je leven maakt. Hoogstwaarschijnlijk zal je hele werkelijkheid verschuiven zodra je begint te merken hoe die onzichtbare kooi aanwezig is in je leven.

VOORBIJ DE KOOI VAN MISBRUIK HEENGAAN

De wrede grap van misbruik is, dat het al een hele tijd geleden ophield, maar je houdt het in stand door jezelf net zo te behandelen als degene die je misbruikte.

Waarom doe je dit?

De onzichtbare kooi van misbruik houdt je gevangen in de overtuiging dat je op de een of andere manier fout of slecht bent, dat je het niet verdient om een eigen leven te leiden, maar dat je in plaats daarvan moet doen wat anderen vinden dat je moet doen, of wat je zou moeten doen (precies zoals tijdens je misbruik: je deed wat je verteld werd te doen en jouw eigen behoeftes deden er niet toe).

Wanneer je vriendschap sluit met de kooi van misbruik, stop je met in oorlog te zijn met jezelf. Dit is het punt waarop je begint te kiezen voor jezelf en je committeert aan je eigen leven.

Hoe ziet dat eruit?

Je committeren aan je leven betekent dat je opkomt voor wat jij kiest, wat er ook gebeurt. Het betekent nooit toegeven en nooit opgeven—zoals de Ierse strijder in mij zou zeggen. Toch gaat het niet om aandringen, inspannen, uitsluiten of strijden.

. . .

Je hoeft je niet langer te bewijzen of te vechten om jouw leven te leven.

Je hebt het simpelweg voor het kiezen. Deze toewijding aan het leven is niet zwaar—het is eigenlijk het gemak, de lichtheid, de vreugde en het plezier dat mogelijk is wanneer je voor jezelf kiest. En dat vergt een compassie met jezelf die je misschien nooit eerder hebt ervaren.

Maar er is een grotere blokkade die je zou kunnen tegenkomen op je pad naar zelfcommitment.

Ik heb duizenden mensen begeleid om hun seksueel misbruik te boven te komen, en een van de grootste uitdagingen waar ik hen mee zie worstelen, is het loslaten van hun verhaal van misbruik. Het is hun verhaal en de rol van slachtoffer in dat verhaal, die hen ervan weerhoudt om zich volledig aan zichzelf te committeren. Het leek alsof ze meer toegewijd waren aan het verhaal van misbruik dan aan de mogelijkheden van een leven daarbuiten. Ik heb dit zelf meegemaakt. Ik ken dit. Toch zou het slechts een "fase" moeten zijn op je reis uit de gevangenis van misbruik naar radicaal springlevend zijn.

Wanneer je vasthoudt aan het verhaal van misbruik, houd je jezelf gevangen in de rol van 'slachtoffer'. Het kan dan voelen alsof "het leven jou overkomt", alsof je een slachtoffer bent van de omstandigheden, en dat, ongeacht wat je doet, je altijd aan het kortste eind trekt. Waarom zou je je dan nog ergens druk om maken?

. . .

Misbruik wordt dan een geweldig excuus om je niet te committeren aan je eigen leven.

Maar er is een andere mogelijkheid die ik je wil laten zien.

Wanneer je het verhaal van misbruik opgeeft, hulp zoekt om alle innerlijke vrees over je misbruik los te laten en uit die kooi van misbruik te stappen en dat jij fout en verkeerd bent, dan gaat er een wereld voor je open voor iets nieuws:

Je ontdekt 'het fenomeen' dat je zelf bent.

Je wordt *radicaal springlevend* – een staat van zijn waar het misbruik niet langer je leven beheerst en je genereert en creëert een leven voor jezelf voorbij aan alles wat je je ooit had kunnen voorstellen.

In het volgende hoofdstuk leer je meer over deze kooi van misbruik en

de impact die het heeft op je natuurlijke vermogen om te creëren.

HOOFDSTUK 2

CREATIVITEIT ALS DE RUIMTE VAN MOGELIJKHEDEN

Ik besta uit mogelijkheden.

— *EMILY DICKINSON*

Misbruik is een van de grootste obstakels voor creativiteit. Echter, in alle eerlijkheid, ligt het probleem niet zozeer bij het misbruik zelf—omdat het misbruik in de meeste gevallen al is beëindigd tegen de tijd dat mijn cliënten bij mij komen.

Het kan een op zichzelf staand incident zijn geweest in hun verleden of meerdere ervaringen van misbruik over tientallen jaren. Hoe dan ook, het gevoel dat mensen vaak beschrijven is dat van 'vastgelopen zijn'. Het is alsof ze gevangen zitten in een onzichtbare kooi, een soort destructieve kracht die hen belemmert om hun leven volledig te creëren.

Het is dus echt de *kooi van misbruik* die één van de grootste obstakels is van

Daarom is het echt de kooi van misbruik die een van de grootste obstakels vormt voor creativiteit. Deze kooi zet destructie, terugtrekking, scheiding en isolatie voort en, als je erin opgesloten zit, bevind je je in een constante staat van zelfondermijning en ontmoediging.

DE ONZICHTBARE KOOI VAN MISBRUIK

Als je ooit misbruik hebt meegemaakt, dan is het makkelijk om vast te lopen in het herhalen van patronen van misbruik uit het verleden, die zich voordoen als beperkingen omtrent gezondheid, relaties en geldstromen.

Eigenlijk worden je genererende en creatieve capaciteiten om datgene te gaan doen waar je van houdt in de wereld, geblokkeerd. Het is alsof de naald vast komt te zitten op de plaat met de nummers 'Ik kan het niet', 'Ik weet niet wat ik moet doen', en 'Er is iets mis met mij'.

Hoe kan het vuur van creativiteit ontbranden als het voortdurend verstikt wordt door repressie? En hoe kun je gebruik maken van je creatieve energie als je opgesloten zit in een onzichtbare kooi?

DE STRUCTIE GAAT BOVEN SCHEPPING

In plaats van je leven vorm te geven, *kies je vaak onbewust*, voor de energie van destructie. Op subtiele, maar indringende wijze vernietig je alles wat je wenst te creëren. Dit kan zich uiten in het kapotmaken of beëindigen van relaties, failliet gaan of jezelf financieel in de schulden steken, en/of destructief zijn met je lichaam—zonder ooit te beseffen dat er iets anders mogelijk is. Het lijkt en voelt alsof je constant stroomopwaarts peddelt, jezelf altijd confronterend met een strijd, obstakel of rampspoed.

Waarom is dit?

Omdat disharmonie en conflicten vertrouwd zijn.

En harmonie en vrede zijn onbekend.

De onzichtbare kooi is gebaseerd op de leugen dat er iets mis is met je. Het verhaal dat je verteld wordt, zegt dat je beperkt bent en dat er iets aan je ontbreekt. De oordelen die je over jezelf hebt (en die anderen mogelijk ook over jou hebben) zijn gericht op je te gronde richten en je klein te houden.

Ze zijn niet gericht op het creëren van een leven van radicaal springlevend zijn.

Het klinkt krankzinnig, ik weet het. Waarom zou iemand ervoor kiezen om zijn leven te verwoesten in plaats van zijn leven te creëren?

Hoewel, alles wat je hoeft te doen, is aandachtig kijken en bereid zijn om volkomen eerlijk te zijn. Vraag jezelf:

Heb ik mijn leven gecreëerd of vernietigd?

Heb ik mijn relatie gecreëerd of vernietigd?

Heb ik mijn relatie met mezelf gecreëerd of vernietigd?

Heb ik mijn relatie met geld gecreëerd of vernietigd?

Heb ik mijn relatie met mijn lichaam gecreëerd of vernietigd?

WEES EERLIJK NAAR JEZELF TOE

. . .

Zoals ik beschreef in de 'Inleiding', waren de eerste twee decennia van mijn leven gevuld met misbruik: fysiek, seksueel, emotioneel, mentaal en financieel. Het kwam van vele kanten: familieleden, vrienden van de familie, de Kerk, het modellenbureau, en zelfs healers.

Mijn hele jeugd werd mij keer op keer verteld dat ik kwaadaardig was, en ik geloofde deze leugen. Het werd de kooi waarin ik woonde.

Tijdens mijn genezingsproces was ik vastbesloten mijn eigen ervaringen met misbruik te gebruiken als een katalysator voor de 'Voorbij Misbruik Revolutie' en later de 'Leef Jouw ROAR'-beweging. Om dit te bereiken, moest ik echter eerst eerlijk zijn naar mezelf toe en onder ogen zien hoe ik mijn leven, relaties, carrière, financiën, lichaam, gezondheid, en in feite mijn gehele wezen verwoestte in plaats van creëerde.

Ik wilde bijvoorbeeld nooit iemand dichtbij laten komen, omdat ik bang was dat zij ook mijn zogenaamde kwaadaardigheid zouden ontdekken en gillend zouden wegrennen. Hoe kon ik iets anders dan verwoesting creëren, als ik geloofde dat ik kwaadaardig was en niemand ooit van me zou houden?

Ik kende ook alleen de taal van onvriendelijkheid toen ik opgroeide, en dat is wat ik als volwassene in relaties gebruikte. Ik creëerde eerder conflict dan verbondenheid, wat resulteerde in echtscheiding en wanhoop.

Toen ik in de twintig was, negeerde ik de behoeften van mijn lichaam en stortte ik me op destructieve gewoontes: drugs, onveilige seks en overeten. Ik had wel geld, maar voelde me schuldig omdat ik het had en anderen niet, dus probeerde ik altijd de liefde van anderen te kopen door voor alles en iedereen te betalen.

In het Engels: Beyond Abuse Revolution

Al dit soort gedrag hield mij gevangen in de onzichtbare kooi van misbruik, continu de dezelfde patronen herhalend die mij bekend waren uit mijn jeugd. Het enige dat ik kende, was mezelf en alles in mijn leven te gronde richten.

DE BRUG VOORBIJ DE KOOI

Voor mij kwam het omslagpunt toen een professor op de middelbare school contact zocht en mij vroeg of het goed met mij ging. Dit gesprek met haar werd de brug naar een nieuw hoofdstuk in mijn leven. Ze hielp mij inzien dat er ook een andere manier van leven mogelijk was, die verder ging dan het herhalen van oude patronen van misbruik.

Ik nam me voor om de weg uit de kooi te vinden die mij gevangen hield in destructie, in plaats van echt mijn leven te leven. Ik werd Doctor in de Psychologie en bestudeerde tientallen geneeswijzen. Terwijl ik samenwerkte met therapeuten en healers, bewandelde ik tegelijkertijd mijn eigen pad naar heling en stond ik tegelijkertijd cliënten bij op hun eigen helende reis voorbij de onzichtbare kooi van misbruik.

Vandaag de dag, meer dan twee decennia later, heb ik met duizenden cliënten over de hele wereld gewerkt en voel ik me nederig en dankbaar dat die beginjaren, ingebed in zoveel misbruik, de katalysator zijn geworden om misbruik een schop onder de kont te geven.

Ik ben opgetogen om de sleutels die ik heb gevonden voor het ontgrendelen van de kooi van misbruik te delen, omdat voorbij die kooi, voorbij de brug ervandaan, er een manier van leven is, gefundeerd op de energie van mogelijkheden en creativiteit.

Deze manier van leven noem ik 'Radicaal Springlevend'.

WELKOM BIJ RADICAAL SPRINGLEVEND ZIJN

Stel je het volgende voor …

Je staat op en loopt met verende tred, blij dat je leeft, en benieuwd naar wat er nog meer mogelijk is op deze dag.

Van begin tot eind is je dag gevuld met keuzes, allemaal gebaseerd op jouw wensen. Vanuit die wensen wordt alles mogelijk, en je fungeert als een creatieve en inspirerende magneet voor de mensen om je heen.

Mensen vinden het heerlijk om bij je in de buurt te zijn omdat je de energie van alles om je heen verandert, gewoon door jezelf te zijn.

Je relaties zijn gebaseerd op verbondenheid en harmonie; ze zijn leuk, vol gemak, vrolijk en wederzijds ondersteunend. Je lichaam is blakend gezond en bruisend van leven. Je bent energiek.

Je hebt een stralende gloed over je heen.

Je bedrijf bloeit en de medewerkers die je hebt zijn blij en volgen je in alles wat je creëert. Elke dag biedt nieuwe mogelijkheden om geld, steun en kansen te verwelkomen.

Het leven is één vrolijk avontuur, waar gelach en lichtheid zich door je lichaam verspreiden. Je bent verrast door hoe verbonden je je voelt met jezelf.

Mensen vragen je wat je hebt gedaan om jezelf te veranderen en je antwoordt: "Ik koos voor mijzelf en mijn geluk, en creëerde datgene waarvan ik wist dat het mogelijk was.".

. . .

Inspirerend, vind je niet?

Dit is het leven dat op je staat te wachten totdat jij ervoor kiest.

Laat me de sleutels introduceren waarmee je jezelf kunt bevrijden uit de kooi van misbruik, zodat ook jij de brug kunt oversteken en ervaren wat Radicaal Springlevend Zijn is.

DE 4 SLEUTELS : KIEZEN, COMMITTEREN, SAMENWERKEN & CREËREN *

De 4 C's* zijn sleutels die je zullen bevrijden van de leugens en beperkingen

waar je ooit in trapte en uit de destructieve cyclus die eerder misbruik in stand hield.

1. Kies voor Jou (Choose)

Wat betekent dat, 'kiezen voor jou'?

Denk aan een relatie waarin je alles doet om de ander te ondersteunen, maar je jezelf verwaarloost. Dit is een voorbeeld van niet voor jezelf kiezen. Wanneer je consequent alles voor anderen doet ten koste van jezelf, maak je hen belangrijker dan jezelf. Dit is vaak wat er gebeurt bij misbruik: jouw wensen en behoeften worden als irrelevant beschouwd.

Wanneer je voor jezelf kiest, worden je behoeften en wensen belangrijk.

Jij wordt een prioriteit. Je begint je eigen leven vorm te geven.

Wanneer je voor jezelf kiest, dan kun je evengoed nog vrij-gevig zijn en er zijn voor andere mensen, maar **niet** ten koste van jezelf. Je betrekt jezelf bij al je

keuzes en relaties.

Wat zou je kunnen creëren als je voor jezelf kiest?

2. Committeer je aan jezelf (Commit)

Wanneer je je inzet voor jezelf, committeer je jezelf om nooit toe te geven, nooit op te geven en je door niets en niemand te laten tegenhouden. Jij bent degene die zich inzet om elk moment, elke dag voor jezelf te kiezen.

Met andere woorden: je geeft niet op.

Nooit.

Mijn vasthoudendheid om de eerste twee decennia van mijn leven en al het andere misbruik dat ik heb ervaren te over-winnen, kwam voort uit mijn toewijding aan mezelf. Zodra ik

**In het Engels: DE 4 C's: CHOOSE, COMMIT, COLLABORATE & CREATE*

me realiseerde dat ik in een kooi van misbruik leefde en dat er iets anders was dat ik kon kiezen voorbij die gevangenis, beloofde ik mezelf plechtig dat ik niet zou stoppen totdat ik uit die kooi aan de andere kant van de brug stond.

Ik heb me ook voorgenomen om zoveel mogelijk anderen te empoweren om zichzelf te bevrijden van die kooi van misbruik door voor zichzelf te kiezen en zich eveneens te committeren aan hun eigen leven.

Wanneer je je aan jezelf committeert, *zet je je ervoor in om volledig jezelf te zijn in al je relaties.* Je splitst je niet af van jezelf in een poging anderen te behagen of tegemoet te komen. De paradox is dat, als je een commitment naar jezelf hebt, je eigenlijk meer toegankelijk wordt om je te verbinden met anderen op een meer harmonieuze, wederzijds bevredigende manier. Wat zou je kunnen creëren als je je committeert aan jezelf?

3. *Werk samen met het Universum (Collaborate)*

Zoals ik eerder al zei, kan het, wanneer je je binnenin de kooi van misbruik bevindt, aanvoelen alsof je stroomopwaarts aan het peddelen bent, voortdurend strijdend tegen obstakels of catastrofes. Het voelt alsof de wereld het op jou gemunt heeft.

Dat geloofde ik ook heel lang. Ik dacht dat iedereen tegen mij was en dat ik alles zelf moest doen.

Dat is een *leugen*.

Want de waarheid is dat het Universum in feite samenspant om je te zegenen en geweldige vreugde en succes voor je te verankeren. Het enige dat je moet doen is samenwerken met het Universum door jezelf open te stellen voor het ontvangen van de bijdragen en ondersteuning van alle verschillende mensen en mogelijkheden die dat willen geven aan jou.

En het is zo eenvoudig als een vraag stellen.

Als je bereid bent te vragen - en te ontvangen – dan zul je ontdekken dat er zoveel meer beschikbaar is om je leven vorm te geven.

Wat zou je kunnen creëren als je samenwerkt met het Universum?

. . .

4. Creëer je leven (Create)

Je kunt een nieuw gesprek met het Universum aangaan door de volgende vragen te stellen:

▶ Wat vind je leuk?

▶ Wat doet je stralen?

▶ Hoe anders zou je leven kunnen worden als je je leven creëerde voor jezelf?

▶ Wat zou je voor jezelf kiezen als je niet gefocust zou zijn op andere mensen

tot jouw grootste prioriteit maken?

Wanneer je aandacht blijft geven aan wat jij wenst en toelaat dat dat jouw grootste prioriteit wordt, dan zul je een inspirerend en expansief leven voor jezelf creëren.

Je zult dan de vormgever van je leven zijn in plaats van de verwoester.

En echt, hoe wordt het nog beter dan dat?

DE ENERGIE VAN CREATIVITEIT

De 4 Sleutels* zullen je stap voor stap, keuze voor keuze, uit die kooi en over de brug helpen naar een staat van Radicaal Springlevend Zijn, zodat je nu je leven kunt vormgeven in plaats van het te gronde te richten.

Begin eerst door ervoor te kiezen de kooi ter discussie te stellen—om te ontdekken dat deze bestaat uit leugens en beperkingen die niet waar zijn voor jou. Je moet bereid zijn om oude patronen zoals 'Ik kan niet', 'Ik weet niet wat ik moet doen', en 'Er is iets mis met mij', los te laten.

Terwijl je de kooi bevraagt en je afvraagt wat er nog meer mogelijk is, begin je de kooi te verlaten en de brug over te steken naar een andere mogelijkheid. Het verlangen naar iets voorbij de kooi van misbruik is de brandstof die je voort zal drijven.

Wat vraagt er om nu te worden gecreëerd? Kies het! Wees die ruimte van mogelijkheden.

In het Engels: DE 4 C's: Choose, Commit, Collaborate & Create

In het volgende hoofdstuk leer je over een uniek soort energie dat tot je beschikking staat om het leven te creëren waar jij voor kiest.

HOOFDSTUK 3

CREËREN DAT JOUW LEVEN
"SAMEN VALT"

"... En ik zou zeggen dat de wereld vol prachtige dingen is die je nog niet hebt gezien. Geef nooit de mogelijkheid op, om ze te zien."

— *JK ROWLING (TWITTER-BERICHT)*

Als healing-therapeut werk ik in het veld van bewustzijn om mensen te helpen hun leven te transformeren en voluit te leven. Veel van mijn cliënten komen naar mij toe met een achtergrond van misbruik, wat maakt dat hun transformatie vaak spectaculair en dramatisch is.

Als er een 'geheim' was voor hun succes bij het nemen van deze stap, zou ik zeggen dat het was in het ontdekken en eigen maken van hun vermogen om regelrecht te stappen in die energie van *Ik ga ervoor! Wat er ook gebeurt.*

Als je daarvoor kiest, dan neem je tegelijkertijd zowel een tastbare expansie als een dichtheid waar, als een energiebal in een gigantische flipperkast, suizend door de ruimte, weerkaatsend op wat niet werkt totdat je uiteindelijk landt waar je van plan was en koos.

Deze energie van *'Ik ga ervoor!'* roept het idee op dat—ongeacht waar je vandaan komt, wat je verhaal ook is, welk misbruik, trauma of gruwelijke tragedie jou of jouw familie ten deel is gevallen, welke relaties niet goed afliepen, het geld dat je niet bezit of dat je bent kwijtgeraakt, of in welke conflicten je ook bent verwikkeld—je niet zult stoppen totdat je hebt wat je wenst.

Dus ook al zit je figuurlijk in die flipperkast, stuiterend van de ene naar de andere kant, twee meter naar voren en één naar achteren, je blijft jezelf als een kanonskogel afschieten in het leven met het besef dat—maakt niet uit wat het is waar je niet overheen lijkt te kunnen komen—het werkt niet voor jou en je stopt niet totdat dat verandert.

Ik ga ervoor! Wat er ook gebeurt.

In eerste instantie kan dit een beetje moeilijk lijken. Het doet me denken aan het adagium "Werk hard, speel hard", en hoewel dat op zich niet zo is, want de *'Ik ga ervoor!'* energie is eigenlijk makkelijk, vergt het wel die volharding van bewustzijn om op te blijven laden en verder te gaan, ongeacht de waargenomen belemmeringen die je ogenschijnlijk afwijzen of proberen tegen te houden. In feite zeg je: "Oké, dat werkte niet. Keuze creëert bewustzijn. *Ik ga ervoor! Wat er ook gebeurt.* Dus wat is de volgende stap?"

En ga er dan voor.

HOE VER KUN JE GAAN?

. . .

Een van mijn klanten hoorde bijvoorbeeld de fluisteringen van het bewustzijn dat ze een baby moest krijgen, terwijl op hetzelfde moment haar tienjarige huwelijk uiteenviel. Ze had altijd al een baby willen hebben, maar om veel redenen kwam het er niet van. Ondanks dit alles bleef het toch aan haar knagen.

In deze periode heeft ze veel met mij samengewerkt om ervoor te kiezen naar die stem uit haar bewustzijn te luisteren en zodra ze dat deed, begon alles snel te veranderen. Ze was vastbesloten om hoe dan ook, alleen, een kind te krijgen, wat er ook gebeurde, en begon de grote beslissingen te nemen die nodig waren om haar gewenste leven te creëren, waaronder de keuze om te scheiden en alleenstaand een baby te krijgen.

In eerste instantie kwam ze het ene na het andere obstakel tegen. Gynaecologen wilden er niets mee te maken hebben, omdat een scheiding het ideale plaatje verknalde. Toen ze eenmaal zwanger was, ervoer ze discriminatie bij haar bedrijf als alleenstaande moeder, ondanks dat ze een hooggeplaatste werknemer was in een vooraanstaande functie.

Maar hoe meer haar leven uit elkaar viel, des te meer ze zich committeerde aan

het proces en des te meer ze werkte om haar bewustzijn helder te krijgen.

In wezen zei ze: "Ik krijg dit kind. Ik voel de energie van deze ziel om me heen en ik ga niet opgeven. Ik kies ervoor om dit te creëren. Wat moet ik doen om dit voor elkaar te krijgen en wat gaat voor mij werken?" Ze luisterde naar de fluisteringen van het bewustzijn over de ziel van deze baby en vond een manier om zwanger te worden, waarbij ze de consequenties accepteerde. Ze koos ervoor om gebruik te maken van hulpmiddelen voor energetische heling en de *'Ik ga ervoor!'* energie van 'Ik kies voor mij, wat er ook gebeurt'."

GEBIED EN EIS

Het maakt niet uit wat er niet werkt, op de een of andere manier zal er een opening zijn, ook al voelt het alsof je je door iets kleins als het gaatje van een speldenprik heen moet wurmen. Dit vereist echter niet dat je je in allerlei bochten wringt, dubbelvouwt, verminkt of je erdoorheen duwt om het te doen.

In plaats daarvan werk je jezelf onder die verplichtingen, eden, geloften, contracten, genen en afkomst, geloofsovertuigingen en fysieke realiteit uit die je vertellen: "Je kunt niet alles hebben. Je kunt niet zeggen wat je echt wilt. Je kunt je leven niet creëren zoals jij het werkelijk wilt."

Wanneer je in deze energie de grens overschrijdt, dan kan het sommige mensen om je heen intimideren. Ze kunnen 'eisen voor jezelf' verkeerd interpreteren als 'veeleisend zijn', vooral als ze zijn opgegroeid met misbruikende of "veeleisende" ouders of anderen en het onderscheid niet kunnen maken. Een eis stellen aan jezelf is een krachtig standpunt van "Ik ga ervoor!" terwijl dat andere een vleugje misbruik kan bevatten. Ze konden niet wezenlijker van elkaar verschillen.

Helaas geloven de meeste mensen niet echt dat ze de regie hebben over hun leven en kunnen eisen om het te creëren met het gemak dat werkelijk mogelijk is, en dus leven ze hun leven als 'een wachtspelletje'. Ze wachten op de bereidheid van iemand anders om te veranderen, de creatie en het succes van iemand anders om in te springen en iets te zijn.

Op deze manier wordt het succes van een ander meeliftend, worden ze meer een parasitaire, leegzuigende energie dan een inspirerende, creërende energie voor zichzelf, voor hun bedrijf en voor hun relaties. Het is het tegenovergestelde van 'Ik ga ervoor!' Dit is meer zoiets als: "Zij gaan ervoor en ik ga kijken wat ik daarvan mee kan pikken!"

Het is alsof je zegt: "Oh, iemand anders heeft iets en doet iets? Laat me gewoon bij hen aansluiten en er zo min mogelijk werk aan besteden, ik kom zo min mogelijk opdagen maar ik eis wel dat ik gecompenseerd word"—alsof zij het bedrijf leiden—"en deel uitmaken van iets groters dan mij, maar nooit die eis voor mijzelf zijn, met mijzelf en met anderen."

Dit doet natuurlijk niets om vooruit te gaan in hun leven en te transformeren of de veranderingsmanager te zijn in samenwerking met anderen of de aarde.

Deze zelfgenoegzaamheid waarin mensen leven, brengt hen in een toestand van verveling, permanent in het ongewisse, wachtend totdat dat "wat is" verandert.

Natuurlijk verlangen ze naar meer en ze hebben het er de hele tijd over, maar ze krijgen het nooit voor elkaar om het waar te maken en te creëren. Hun gedachten hebben de neiging om steeds terug te keren naar zichzelf, net zoals een tijger die zijn staart achtervolgt:

'Waarom overkomt mij dit steeds? Alles is zo'n worsteling. Niets werkt ooit voor mij, hoe hard ik het ook probeer. Waarom is alles zo moeilijk? Hoe komt het dat het wel werkt voor anderen, maar niet voor mij?"

Hun leven is beperkt tot een heel klein gebied, dat ik eerder heb beschreven, als een soort zelfopgelegde kooi met energetische "spijlen" die hen gevangen houdt.

JEZELF BEVRIJDEN

De kooi van misbruik bestaat uit vier "pijlers" die ik de "4 D's"* noem. Later, in Hoofdstuk Zes, zullen we er uitgebreider op ingaan, maar voor nu het is handig om te weten wat ze zijn:

▶ Ontkennen

▶ Verdedigen

▶ Loskoppelen

▶ Dissociëren

In mijn werk help ik mensen deze onzichtbare kooi te identificeren, zodat ze het niet alleen van het slot kunnen halen om er uit te lopen naar de vrijheid toe, maar ook de brug oversteken naar Radicaal Springlevend Zijn en naar de *Ik ga ervoor! Maakt niet uit hoe* energie.

Zoals je je herinnert uit het vorige hoofdstuk, heeft Radicaal Springlevend Zijn ook vier onderdelen - de "4 C's"**.

▶ Kiezen voor jou

▶ Committeren aan jou

▶ Samenwerken en weten dat het Universum samen spant om je te zegenen

▶ Het leven creëren dat je wenst

Als je aan het wachten bent, dan maak je geen keuze. Je laat de achterdeur open zodat er niets anders ontstaat dan het trauma en drama van de flipperkast. Dit is destructie en machteloosheid en wat jou gevangen houdt in de onzichtbare kooi van misbruik.

. . .

In het Engels: Denying, Defending, Disconnecting, Dissociating

*** In het Engels: Choosing, Committing, Collaborating, Creating*

HET DRAAIT ALLEMAAL OM GROOTSE ENERGIE

Ik ga ervoor! draait allemaal om grootse energie - oftewel pronoia.

In zijn boek, *Pronoia is het tegengif voor Paranoia, Herzien en Uitgebreid: Hoe de Hele Wereld Samenzweert om Je te Overspoelen met Zegeningen**, beschrijft Rob Brezsny het als "het tegengif voor paranoia. Pronoia is het besef dat het Universum in beginsel aardig is. Het is een manier om je zintuigen en intellect te trainen, zodat je feitelijk kunt waarnemen dat het leven je altijd precies geeft wat je wenst, precies wanneer je erom vraagt."

Je kunt ervoor kiezen om zo'n kracht te worden dat niets je kan stoppen, wat er ook gebeurt. Ja, je kunt een tijdje ronddolen of heen en weer stuiteren in die flipperkast totdat je de tovenaar van de flipperkast wordt: gefocust, direct, veeleisend en bewust kiezend wat jij wenst. En vaker wel dan niet kan alles in het begin in elkaar storten en uit elkaar vallen (en waarschijnlijk zul je dat in eerste instantie bestrijden), maar ik verzoek je om het te ontvangen als een teken dat de dingen werken, dat het universum samenspant om je te zegenen. Dit uit elkaar vallen en weggaan is een natuurlijk en essentieel onderdeel van het creatieproces.

EEN PERSOONLIJK VOORBEELD

Onlangs bereidde ik me voor op een tour van zes weken die ik gepland had, toen ik plotseling, uit het niets, door onverwachte financiële vorderingen werd overspoeld. Mijn onmiddellijke reactie was: "Oh, ik kan nu niet vertrekken en dit allemaal gaan doen. Ik moet meer werken en dit alles afbetalen - dat is het meest pragmatische om te doen. Ik zou nu niet in het vliegtuig moeten stappen om ergens naartoe te gaan, om voor mezelf te zorgen of anderen te faciliteren. Hoe kan ik daarheen gaan als ik niet alles heb zekergesteld?"

Dit was duidelijk de stem van "Ik ga er niet voor", die ene die zegt:

* *In het Engels: 'Pronoia, Is the Antidote for Paranoia, Revised and Expanded: How the Whole World Is Conspiring to Shower You with Blessings'*

"Zie je wel? Ik zei het je... dat kun jij niet krijgen." Grappig hoe we, wanneer we vooruitgaan, het trauma in werking stellen dat ervoor zorgt dat dingen op ons afkomen en ons belemmeren om die tovenaar te zijn, die magische schepper die we werkelijk zijn.

Alsof dat niet genoeg was, viel tegelijkertijd alles uit elkaar op het romantische vlak toen mijn 'wederhelft' onze relatie verliet en eenzijdig een eind maakte aan 'ons'. Ik zou waarschijnlijk een andere keuze hebben gemaakt en hebben gezegd: "Hé, wat kunnen we samen doen?" Je er volledig van bewust dat je het soms niet samen kunt doen, je moet het zelf doen.

Dus wat kun je doen als iemand een keuze maakt en dat is niet jouw keuze? Jij kiest ook. Dat is een *Ik ga ervoor! Maakt niet uit hoe!* keuze.

Dus ik koos ervoor om die zes weken weg te gaan, ik koos ervoor om die relatie volledig los te laten, ik koos voor mezelf en ik koos ervoor om te weten dat het universum zal samenspannen om mij te zegenen en dat alles op het financiële vlak gemakkelijk en moeiteloos nieuwe mogelijkheden zal genereren.

En hier is het geweldige inzicht dat samengaat met het luisteren naar de fluisteringen en voor jezelf kiezen, samen met de zegeningen van het universum: Alles pakte beter uit dan ik me ooit had kunnen voorstellen. Ja, er zijn hobbels op de weg geweest en toch ben ik door niets minder dan expansie vergezeld geweest op deze reis. Ik ben voor altijd veranderd en toegewijd aan mij.

IK GA ERVOOR! IK KIES HET! IK KIES MIJ!

In deze energie zit de bereidheid om het allemaal los te laten. Je moet bereid zijn om alles te verliezen om alles te kunnen hebben. En hoewel dit een slechte zaak lijkt, als je goed kijkt, zul je meestal ontdekken dat de meeste daarvan dingen zijn die je sowieso niet wilde, omdat het op een bepaald niveau jou niet volledig ondersteunde.

Laten we eerlijk zijn ...

Als je iets wilt dat een "10" is, moet je waarschijnlijk de "9" waar je je aan vastklampt loslaten, hoewel het loslaten van de vorm en structuur ervan in het begin misschien wel het moeilijkste kan zijn. In mijn geval had ik er geen probleem mee om datgene wat ik hierboven deelde los te laten of te veranderen. De moeilijkheid waar ik tegenaan liep, was het "geloven" dat het er op een bepaalde manier uit moest zien om in deze realiteit te passen – totdat ik de energie van verandering voelde en ervoor koos om voor mij te blijven kiezen en te blijven streven naar radicaal springlevend zijn: *'Ik ga ervoor! Wat er ook gebeurt.'* Het maakt niet uit wie of wat ik verlies, wie uit mijn leven gaat of uit wiens leven ik vertrek, ik zal mezelf nooit opgeven.

Als je oplet terwijl het leven zo uiteenvalt, kun je de energie van verandering echt voelen en waarnemen. Vaak is dit de daadwerkelijke verandering waar je al een tijdje om vraagt. Zo voelde het voor mij terwijl ik toekeek hoe mijn hele leven voor mijn ogen uit elkaar viel, smeltend tot vloeistof en de aarde voedend. Ondanks alle narigheid, drek en het onderdrukken van emoties, wist ik dat er niets gebeurde in de 'Ik ga ervoor!'-energie dat ik niet wilde veranderen.

Ik heb gemerkt dat het in deze situaties het beste is om iets tegengestelds te doen - speel er gewoon mee, speel met de energie en stuiter door de flipperkast, door het gaatje naar alles dat ruim en licht voelt.

We geven vaak op vlak voordat de magie zich voordoet.

Want, hier gaat het om ...

Wat als alles eigenlijk in elkaar valt?

De *Ik ga ervoor!* energie kan eruitzien alsof alles uit elkaar valt, en toch, wat als het allemaal daadwerkelijk samenvalt?

Zeker, dit is het moment waarop je die pragmatische keuze kunt maken en kunt opgeven waar je werkelijk om vraagt en naar verlangt. Of je kunt ook zeggen: "Nee, ik kan dit creëren, ik kan dit doen, ik heb dit nodig, ik werk samen met het Universum, ik kies voor mezelf en ik committeer me aan mezelf en creëer mijn leven dat in elkaar valt."

Je moet weten dat het Universum echt samenzweert om je te zegenen, zodra jij de vraag stelt naar jezelf toe, zelfs als het er in werkelijkheid anders uit ziet. Als je naar de natuur kijkt, dan zie je dat dit de natuurlijke gang van zaken is van dingen. Wat gebeurt er na een brand in het bos? Nieuw leven ademt en groeit.

In creativiteit is er altijd een inzinking, een verschuiving naar een expansieve ruimte van keuze en creatie. Net zoals de Chinese praktijk van Feng Shui, waar je dingen bewust hier en daar verplaatst, herschikt om een meer harmonieuze en bloeiende omgeving te creëren, is de *Ik ga ervoor!* energie de beweging van de moleculen binnenin jou die de vraag om je leven radicaal springlevend te leven, belichamen, voorbij alles wat je tot nu toe hebt toegelaten.

HET IS ALLEMAAL EEN KEUZE - JOUW KEUZE

Als inspirerende kracht is de 'Ik ga ervoor!'-energie het tegenovergestelde van wachten. Het is echt een excuus om te wachten tot de dingen zich 'openbaren', te wachten op dat 'teken', of wat het ook is waar je op wacht voor duidelijkheid. Je zou weleens heel lang kunnen wachten.

Ik vraag aan mensen: "Heb je niet lang genoeg gewacht op iemand anders om die vraag in je leven te zijn? Wat als jij die energie bent waar je op wacht?"

Besef dat je een vraag voor jezelf kunt zijn, zelfs als je samen bent met iemand anders. Dat is wat ik heb gecreëerd met mijn team bij het Live Your ROAR LLC-hoofdkantoor. Iedereen is de katalysator geworden om voorbij misbruik radicaal en springlevend te leven. Niemand lift mee op mijn successen. We vragen de onderneming wat het wenst en wat het zou willen, en dan gaan we dat creëren. We leven als de vraag en het universum zegent ons met onze verzoeken.

HET IS ALLEMAAL EEN KEUZE - JOUW KEUZE

Als inspirerende kracht is de *'Ik ga ervoor!'*-energie het tegenovergestelde van wachten. Het is eigenlijk een excuus om te wachten tot de dingen zich 'openbaren', te wachten op dat 'teken' of wat het ook is waar je op wacht voor duidelijkheid. Je zou weleens heel lang kunnen wachten.

Ik vraag mensen: "Heb je niet lang genoeg gewacht op iemand anders om die vraag in je leven te zijn? Wat als jij de energie bent waar je op wacht?"

Besef dat je een vraag voor jezelf kunt zijn, zelfs als je samen bent met iemand anders. Dat is wat ik heb gecreëerd met mijn team bij het Live Your ROAR LLC-hoofdkantoor. Iedereen is de katalysator geworden om voorbij misbruik radicaal en springlevend te leven. Niemand lift mee op mijn successen. We vragen de onderneming wat het wenst en wat het zou willen, en dan gaan we dat creëren. We leven als de vraag, en het universum zegent ons met onze verzoeken.

Als jij iemand bent met de energie van *'Ik ga ervoor! Wat er ook gebeurt'*, dan kan het, op zijn zachtst gezegd, een uitdaging zijn om mensen om je heen te hebben die "wachten". Stel dat je een kleine ondernemer bent en je hebt een medewerker die moeite heeft met het ontvangen van geld. Waarschijnlijk wist je dit niet toen je hen aannam in een functie waarin ze verantwoordelijk zijn voor het geld.

Later, telkens als je naar de status van een betaling vraagt, verzinnen ze excuses of zeggen dingen als: "Ja, ik heb met de klant gesproken en zij zeiden dat ze hebben betaald," ook al heeft de bank laten weten dat de betaling is geweigerd. Het gaat heen en weer en blijft zich herhalen.

Wat hier aan de hand is: omdat ze zelf geld weigeren te ontvangen, blokkeren ze onbewust het ontvangen van geld namens het bedrijf. Dit wordt een 'wachtspelletje' om geld te ontvangen en kan bedrijven en relaties te gronde richten.

Als het om geld gaat, vergt het ontvangen en innen ervan een persoonlijk vermogen om te kiezen wat je wenst, meer dan wat je al bezit. Met andere woorden, het vereist die *'Ik ga ervoor! Wat er ook gebeurt'*-energie.

De inspirerende energie van *'Ik ga ervoor!'* zijn, is een ruimte zonder belemmeringen, blijf doorgaan en creëer het. Ongeacht waar je bent of waar je naartoe wilt, het creatieve proces is altijd hetzelfde. Je kunt erop rekenen dat als je bijna zover bent dat je de smaak te pakken krijgt, de spanning toeneemt en dingen kunnen imploderen of uit elkaar vallen.

Op dat moment moet je loslaten en volledig in de 'Ik ga ervoor!' modus stappen, zodat alles in harmonie met het universum en jouw keuze samenvalt. Dit draait allemaal om jou en jouw bereidheid om toe te laten dat de grootsheid van deze realiteit met jou samenwerkt en jou zegent.

Maar ... er is een 'valkuil'.

Jouw bereidheid om al deze steun toe te laten uit jouw naam veronderstelt een vermogen om daadwerkelijk te ontvangen, en ik heb ontdekt dat het dit punt is waar mensen die zijn misbruikt, vaak in problemen komen.

Eerlijk gezegd, doen ze het helemaal niet zo goed.

Laten we dus verder gaan en kijken wat er nodig is om een 'grootse ontvanger' te worden.

HOOFDSTUK 4

VRIENDELIJKHEID.. DIE GEWELDIGE BREDE RIVIER DIE DOOR JE HEEN STROOMT

Voortdurende vriendelijkheid kan veel tot stand brengen. Zoals de zon het ijs doet smelten, zorgt vriendelijkheid ervoor dat misverstanden, wantrouwen en vijandigheid vervliegen.

— ALBERT SCHWEITZER

Je bent geboren om vriendelijk te zijn - en ik verzin dit niet zomaar.

Volgens een interview in *Scientific American* met de titel, "Vergeet de Overleving van de Sterkste: Het is vriendelijkheid dat telt", vormt vriendelijkheid de 'bedrading' in onze hersenen.

Niet dat het standaard is bij iedereen, maar het is aanwezig als een aangeboren geschenk. Het is mijn bedoeling om dit in dit hoofdstuk onder de aandacht te brengen op een manier waar je misschien nog niet eerder aan hebt gedacht, want echt, vriendelijkheid is veel meer dan alleen een goed idee of iets wat je doet om 'aardig' te zijn.

Het is eigenlijk een kracht, of een macht, die, zoals Albert Schweitzer het zo elegant verwoordde, 'misverstanden, wantrouwen en vijandigheid doet vervliegen.

En als je enige vorm van misbruik hebt meegemaakt in je leven - vroeger of nu – dan zul je op de hoogte willen zijn over deze innerlijke vriend.

Persoonlijk ben ik er geen vrienden mee geworden tot ik in de twintig was, nadat mijn professor Huiselijk Geweld mij toonde wat vriendelijkheid was, door me te benaderen en te vragen of het wel goed met mij ging. Ze had mijn lichaamstaal opgemerkt, die gevormd was door twee decennia van misbruik, trauma en oordeel dat ik had meegemaakt toen ik opgroeide. Mijn schouders waren voorovergebogen en opgetrokken, bijna tot aan mijn oren, in een poging mezelf te beschermen tegen slaag, dat ik fysiek, verbaal en energetisch incasseerde.

Ik vertoonde ook duidelijk ander gedrag, dat kwam door het seksueel misbruik dat ik als kindmodel had meegemaakt. Tenminste, dat was duidelijk voor een geoefend oog. Deze patronen van misbruik waren eigen geworden op vele niveaus: zowel in de manier waarop ik liep en mezelf gedroeg als in de manier waarop ik communiceerde met mezelf en anderen.

Tegenwoordig verwijs ik hiernaar als het 'somatische van trauma', die manieren van zijn die een massief onderdeel worden van onze fysieke en energetische structuur, geïntegreerd en verankerd in onze cellulaire en moleculaire bouw.

Klinkt heftig, vind je niet? Als een onneembare vesting. Nou, het goede nieuws is, dat als dat zo is, dan is vriendelijkheid als de stormram die het open breekt.

HET BASTION VAN HET OORDEEL

Dit is het probleem met oordelen...

Het bestaat al een hele tijd, heel lang - duizenden en duizenden jaren. Mensen hebben het vervolmaakt als een 'vakmanschap'. Maar dat is niet het ergste eraan.

Oordeel is vervlochten in het weefsel van ons DNA. We erven het als we geboren worden, het wordt via het collectieve bewustzijn, van generatie tot generatie door de tijd meegedragen en aan ons doorgegeven. Dat wil zeggen, totdat iemand de cyclus doorbreekt. Het is dat 'de zonden van de vader' ding.

Dus wat is er voor nodig om de cyclus te doorbreken?

Uitstekende vraag...

Maar laten we, voordat we dat doen, eens kijken naar wat veroordeling in stand houdt in je leven *als je dat niet doet.*

▶ Veroordeling maakt dat je tegen jezelf blijft liegen en sluit je op in een 'onzichtbare kooi van misbruik', die je blokkeert van jezelf, anderen, het leven, en zeker van het creëren van het leven dat je wenst.

▶ Veroordeling is een vorm van beklemming en beperking, een zelfvernietigend instrument en een doordringende vorm van zelfmisbruik. Het is het tegenovergestelde van expansie: het houdt je klein en worstelend, slachtofferachtig en machteloos, gepantserd en verdoofd. Hierdoor stop je met genereren en creëren voorbij de kooi; in plaats daarvan blijf je je schuldig maken aan het in stand houden van de misbruikcyclus.

▶ Als je jezelf veroordeelt, word je je eigen eeuwige cipier en zet je jezelf nog meer vast in je eigen verkeerd zijn. Veroordeling brengt je terug naar de troost van wat je kent (hoe "slecht" je bent) en zorgt ervoor dat je nooit meer hoeft te zijn dan wat je nu bent. Het bestendigt de onzichtbare kooi van misbruik.

▶ Als je een ander veroordeelt, dan ben je eigenlijk aan het verdedigen, loskoppelen, ontkennen en dissociëren van wat je niet wilt zien over jezelf.

Ik noem dit de '4 D's'.*

Door de constructie, isoleert en zondert het je af, het tegenovergestelde van eenheid en saamhorigheid.

▶ Veroordeling is eigenlijk iets dat ik 'gedwongen ontvangen' noem omdat, in essentie, je jezelf dwingt om de oordelen van iemand anders te accepteren,

In het Engels: Defending, Denying, Disconnecting, Dissociating.

met name waar je werd misbruikt en iets moest ontvangen dat je niet wilde - dat je gedwongen werd te ontvangen. Als gevolg hiervan ontwikkel je scherpe, pijlvormige 'stekels', zoals een stekelvarken, die kunnen en zullen mensen ervan weerhouden om te dichtbij te komen.

Oordelen zijn weerstanden tegen de werkelijkheid die we gebruiken om onszelf te beschermen. Veel daarvan leerden we als kind, omdat we ze zagen of hoorden, of omdat we ervoor kozen als reactie op iets dat ons overkwam. Deze beslissingen werden gewoontes van denken, de lens waardoor we kijken, en de automatische piloot waarop we functioneren voor de rest van de vlucht.

Het probleem is dat we, door ze te blijven gebruiken in wat we dagelijks meemaken in het leven, elke andere mogelijkheid afsnijden die we anders zouden kunnen zijn, doen of hebben.

En het is met dit doel - het opschonen en transformeren van deze oordelen om een onbekommerd en plezierig leven te leiden - dat ik het merendeel van mijn carrière en healingpraktijk heb gewijd.

Eigenlijk heb ik er een naam voor.

Ik noem het jouw ROAR * leven - een Radicale, Orgastische, Springlevende Realiteit.

Hoe wordt het nog beter dan dat?

JIJ BENT EEN EN AL MOGELIJKHEDEN

Je ware aard is onbeperkte creativiteit, overvloed en groei.

Als je in een klein kantoortje achter een bureau zit, voelt het misschien niet zo, dus de beste manier die ik ken om dit gevoel echt te leren waarderen en te laten groeien in je bewustzijn, is door vaker de natuur op te zoeken.

Je hoeft niet eens wat te doen...

In het Engels betekent ROAR: Radically, Orgasmically Alive Reality.

Je zult het intuïtief merken.

Een van de redenen dat de natuur opzoeken zo krachtig is, is dat de aarde de enige plaats is waar geen oordeel bestaat. Het is dé plek waar je steeds weer naar terug kunt gaan om je oordelen los te laten en de vrede en mogelijkheden van de ruimte te voelen. Het is eigenlijk een vriendelijkheid om je oordelen aan de aarde te geven.

Door je oordelen als compost aan de aarde te schenken, bevrucht je letterlijk een nieuwe mogelijkheid voor jezelf en voor alle anderen.

Dus wat is er mogelijk?

Ten eerste, zodra je jezelf uit de kooi van misbruik laat, dat je in een 'slachtoffer'- verhaal houdt, ligt de hele wereld voor je open. Daar in de vrije open ruimte, besef je dat er andere keuzes mogelijk zijn; hoe je leven te leiden en je te verhouden tot jezelf en anderen.

Zoals in mijn geval. Toen ik ontdekte wie ik eigenlijk was, behalve een gesloten, ellendig en zelfdestructief meisje, kwam ik erachter dat ik aardig was, knap, fenomenaal en grappig.

Wie en wat wacht er om te worden gezien door jou?

Als je nieuwe keuzes maakt, begin je meer zelfvertrouwen op te bouwen. De oude patronen van misbruik hebben geen invloed meer op je. Jij hebt nu de macht over je misbruik en daarmee het vermogen om een nieuw leven voor jezelf te kiezen.

Je creëert je leven niet langer vanuit destructie, maar vanuit keuze.

Ik weet dat dit klinkt als een flinke opdracht, omdat je, eerlijk gezegd, misschien meer toegewijd bent aan het slacht-offerverhaal dan aan de mogelijkheden die er buiten liggen. Ik zie dit keer op keer bij mensen die voor het eerst naar me toe komen. Je voelt je misschien een slachtoffer van de omstandigheden, zoals ik dat lange tijd heb gedaan, alsof er niets is dat je kunt doen om het te veranderen.

Maar het is een leugen...

Duidelijk en eenvoudig.

VRIENDELIJKHEID ALS EEN INSPIRERENDE ENERGIE

Het is gebruikelijk voor kinderen die misbruikt zijn om te geloven dat ze slecht en fout zijn. Het vereiste echter dat gesprek met mijn professor Huiselijk Geweld tijdens mijn bachelor en haar hulp om te beseffen dat ik niet waardeloos was.

Deze professor was de eerste persoon die me ooit vroeg of het goed met me ging, en dit enkele vriendelijke gebaar overspoelde me met het besef hoezeer het niet goed ging. Met haar steun begon ik in te zien dat ik iets kon doen om over mijn vroegere misbruik heen te komen. Dat ik verder kon gaan dan alleen overleven, dat ik zelfs verder zou kunnen gaan dan bloeien.

Het was alsof ze me de geheime sleutel had gegeven om mezelf te bevrijden uit de kooi van mijn eigen misbruik.

Ik begon te beseffen welke gewelddadige, destructieve patronen ik in stand hield door roekeloos gedrag, en ik legde me erop toe om anders te kiezen. Dit heb ik niet in mijn eentje gedaan. Het was door professionele ondersteuning en persoonlijke gesprekken dat ik uiteindelijk in staat was het slachtofferverhaal los te laten dat ik bijna drie decennia lang had geleefd.

Toen ik dat losliet, begon ook de onzichtbare kooi uiteen te vallen. Ik had de barrières en muren die ik had opgetrokken om me te beschermen niet langer nodig, terwijl ik langzaam ontdekte dat ik andere keuzes kon maken voor de manier waarop ik leefde en in relatie tot mezelf en anderen.

En het begon allemaal met dat ene gebaar van vriendelijkheid dat er daadwerkelijk voor zorgde dat 'onbegrip, wantrouwen en vijandigheid vervlogen'.

Het moge duidelijk zijn dat niet elk moment van vriendelijkheid dit effect zal hebben. Vriendelijkheid komt in vele vormen. Het varieert van iets simpels als een glimlach, die niet meer dan een seconde duurt, tot buitengewone aanbiedingen van hulp. Het kan zomaar uit het niets komen of gegeven worden als reactie op iemands behoeften.

In werkelijkheid is het waarschijnlijk natuurlijker voor je dan welke andere benadering dan ook, omdat, zoals ik in het begin al zei, *vriendelijkheid inherent is aan je.*

Je hoeft niet ver te zoeken om het te vinden. Maar als je opgesloten zit in oordeel, kan het onmogelijk lijken om toegang te krijgen. Dus, als je het moeilijk vindt om vriendelijk te zijn, begin dan met het zoeken naar de onderliggende oordelen die je zicht belemmeren.

Een manier om dit te doen is het stellen van dit soort vragen:

▶"Ben ik hier nu vriendelijk of ben ik hier een oordeel aan het vormen?"

- of het nu in relatie tot geld, relatie, je lichaam, of iets anders is.

▶"Voelt dit expansief of beperkend?"

▶ Voelt dit licht of zwaar aan?

Door je te committeren aan jezelf en vriendelijkheid voor jezelf te accepteren – van jezelf en van anderen – kan een nieuwe ruimte van energie en bewustzijn tevoorschijn komen - een plaats waar ontvangen tegelijkertijd bruisend, levendig, krachtig en sappig is, en helemaal *jou verrukkelijke zelf.*

Vriendelijkheid leidt tot een piek in vitaliteit waar slechts vier dingen voor vereist zijn, die ik de '4 E's' * noem:

1. *Omarmen* wat waar is voor jou

2. *Onderzoeken* wat er eigenlijk aan de hand is

3. *Expanderen* naar een nieuwe mogelijkheid, bewustwording en vriendelijkheid

4. *Belichamen* van de verandering en wat waar is voor jou.

Heel concreet is het leren van vriendelijkheid als het leren van een nieuwe taal. In mijn geval was het geen taal die ik kende. Het was niet mijn 'eerste' taal, die ik thuis hoorde en sprak. Het kostte oefening, niet alleen om het te leren spreken, maar uiteindelijk ook vloeiend te kunnen.

** In het Engels: Embracing, Examining, Expanding, Embodying*

Net als taal is het een creatieve, generatieve energie – precies wat er nodig is om een nieuw leven te creëren dat gevuld is met de energie van expansie.

Het mooie eraan is dat, door oordelen op te geven en de kracht van vriendelijkheid en zachtmoedigheid te gebruiken, je alle onverschillige manieren kunt oplossen die je hebt ervaren en de behoefte om jezelf te beschermen kunt loslaten.

Je kunt eindelijk de stekels afwerpen en openstaan voor het ontvangen van het weldadige leven - om echt het geschenk te zijn dat je voor jezelf en de wereld bent. In deze plaats zonder barrières zul je een zachtere, meer kwetsbare ruimte ontdekken die zowel vertrouwd als veilig aanvoelt.

Hier stroomt de energie van ontvangen vrijelijk en met even-veel gemak als een brede rivier. Je hoeft alleen maar te kiezen om erin te stappen en je te laten leiden langs de brede, weelderige route. Het is allemaal van jou, je hoeft het alleen maar te kiezen.

In het volgende hoofdstuk gaan we verder praten over het ontvangen en meer in het bijzonder, 'verleid worden tot ontvangen'.

HOOFDSTUK 5

VERLEID WORDEN TOT ONTVANGEN OM HET GESCHENK TE ZIJN DAT JE ECHT BENT

Vanaf dat moment realiseerde ik me dat dit is wat ik wil doen, wat ik geacht word te doen: Energie geven en het terugkrijgen door middel van applaus. Ik vind het geweldig. Dat is mijn wereld. Ik hou ervan. Ik geniet ervan. Ik leef ervoor.

— ERYKAH BADU

Hopelijk begin je inmiddels te merken dat je hier bent om een veel groter leven te leiden dan jij je tot nu toe had voorgesteld.

Wat er ook gebeurt.

Misschien is jouw "wat" - zoals het mijne - het overwinnen van decennia van misbruik en radicaal springlevend zijn. Als ik in staat was om een leven te creëren dat mijn stoutste dromen overtrof, dan weet ik dat jij dit ook kunt. Eigenlijk weet ik dit voor al mijn cliënten.

Of je nu wel of niet geworsteld hebt met misbruik, als je dit boek leest, is er waarschijnlijk iets in je leven dat aanvoelt als een valstrik, een kooi, ergens waar je je buitengesloten voelt van de mogelijkheid om te ontvangen. Het goede nieuws is dat de sleutel tot het ontgrendelen van de gevangenis van *jezelf niet ontvangen*, in jou besloten ligt.

WAT IS ONTVANGEN?

Ontvangen is een actie die je onderneemt zonder muren op te werpen tegen iets of iemand. Het is een ruimte van kwetsbaarheid, openheid en eenheid met alles. Ontvangen kent geen grenzen of verplichtingen. Het wordt niet opgelegd of gevraagd, het is simpelweg een manier om jezelf te zijn in de ruimte van *jou*, in de energie van *jou*, en in het bewustzijn van *jou*!

Om de energie, ruimte en het bewustzijn van jou te zijn, hoef je je alleen maar voor te stellen dat je net zo groot bent als het universum en de aarde. In die grootsheid ben je alles en niets tegelijk. Je bent een deel van dat alles, omdat er letterlijk een moleculaire eenheid bestaat die bewustzijn bevat met, voor, en over alles.

Deze energie die ik 'ontvangen' noem, geeft je volledige macht, volledige keuze, volledig bewustzijn en totale kracht vanuit de kwetsbaarheid die besloten ligt in de bereidheid om de grootste versie van jezelf te zijn.

Hoe zou de wereld eruitzien als we allemaal als deze ruimte van energie zouden leven?

Helaas is de energie van ontvangen op deze planeet verstoord door oorlogen, conflicten, misbruik en terreur, die absoluut niet de energie van ontvangen zijn. Ontvangen creëert; misbruik vernietigt. Ontvangen genereert; oorlogen vernietigen. Ontvangen brengt eenheid voort; conflicten vormen verwijderingen. Ontvangen bouwt aan duurzaam-

heid; terreur maakt een eind aan de keuze. Kiezen is
ontvangen.

Ontvangen is kiezen buiten de vorm en de structuur van deze
realiteit.

Ontvangen is in dat geval, het grootste wapen dat we allemaal
hebben om achterhaalde wijzen van bestaan af te schaffen -
eenvoudigweg door de energie van totale toelating te zijn.

WAT IS DE ENERGIE VAN ONTVANGEN?

Ontvangen is de energie die nodig is om het leven te leiden
dat je wenst. Het is misschien ook die energie die je blokkeert als je enige vorm van misbruik hebt meegemaakt.

Hoe weet je of je de energie van ontvangen blokkeert?

▶Je hunkert naar verbondenheid, maar voelt je vastzitten in
minder-dan-bevredigende-relaties.

▶Je verlangt naar succes in je carrière, maar je hebt een
plafond bereikt en je begrijpt niet waarom je niet meer
verdient.

▶Je droomt ervan om vitaal en gezond te zijn, maar worstelt
met een of andere chronische aandoening.

In mijn eigen healingproces heb ik ontdekt dat er een direct
verband bestaat tussen misbruik en de neiging om ontvangen
te blokkeren. Toch zijn er manieren om de energie van
ontvangen in je leven vrij te maken. Hieronder noem ik vijf
stappen die je kunnen helpen:

5 STAPPEN OM DE ENERGIE VAN HET
ONTVANGEN TE DEBLOKKEREN

Stap 1: Erken het Onzichtbare Stekelvarken

Hoe vaak reageer je stekelig als iemand je benadert?

Ik noem dit het "onzichtbare stekelvarken" zijn. Het is een fenomeen dat ik heel goed ken, zowel bij mezelf als bij de klanten met wie ik de afgelopen twee decennia heb gewerkt.

Weet je waar deze stekels vandaan komen? Van je misbruik uit het verleden. Ooit was de wereld niet veilig voor jou, dus creëerde je deze stekels in een uiterste poging om jezelf te beschermen. De stekels werkten goed op dat moment; nu zijn ze gewoon achterhaald.

In hoeverre ben je niet uitnodigend met deze stekels in je leven? Zoals je hoopte dat de stekels de boosdoener op afstand zouden houden, houden ze nu liefde, geld, klanten en alles wat je wenst op een "veilige" afstand. Een veilige afstand belemmert ontvangen omdat je altijd op je hoede bent voor wanneer de ramp zich zal voordoen.

Is het tijd om je harde schijf bij te werken?

De eerste stap om voor jezelf de energie van ontvangen te deblokkeren, is erkennen dat je een onzichtbaar stekelvarken bent geweest, bewapend met stekels en gereed om 24/7 in de verdediging te schieten, door altijd een zelfverdedigingshouding aan te nemen tegen aanvallen.

Stap 2: Verwijder alle verhalen die het ontvangen blokkeren

Tijdens het ervaren van misbruik werd je gedwongen om iets te "ontvangen" dat je niet wilde ontvangen. Op dat moment creëerde je een verhaal dat het niet veilig was om in welke vorm dan ook te ontvangen. Liefde? Geld? Gezondheid? Het leek allemaal gevaarlijk.

Voor mij betekende ontvangen het ontvangen van oordelen. Het betekende doen wat mijn moeder zei, zodat ik niet werd geslagen. Het betekende het leven leiden van andere mensen, terwijl ik wanhopig verlangde naar koestering en liefde (die ik nooit kreeg, behalve in de vorm van geld en voorwerpen, en uiteindelijk misbruik).

Wat betekent ontvangen voor jou?

Welke verhalen heb je jezelf verteld over ontvangen die de stekels in stand houden? Ben je bereid om die verhalen op te geven?

Waar of wanneer heb je ontvangen verkeerd geïnterpreteerd en verkeerd begrepen zodat het eigenlijk verdedigen werd?

Stap 3: Herkennen van de Stekels Doet in Dubbel Opzicht Pijn

Zoals de stekels van het onzichtbare stekelvarken naar buiten gericht zijn en alles in het leven (liefde, geld, gezondheid, enz.) op een "veilige" afstand houden, zijn ze ook naar binnen gericht en belemmeren ze je vooruitgang in je eigen leven.

Op een gegeven moment, misschien lang geleden, heb je geleerd dat het niet "veilig" was om een stap vooruit te zetten. In je poging om te ontsnappen aan het misbruik, of om iemand over het misbruik te vertellen, heb je jezelf misschien uitgeschakeld of ben je gedissocieerd. Hoe dan ook, je nam afstand van jezelf om jezelf veilig te stellen.

Daarom blijf je jezelf bestoken met je eigen stekels in de vorm van oordelen en verhalen dat het niet veilig is om gezien of gehoord te worden.

Weet je wat het pijnlijkst is aan dit alles? Je leeft je eigen leven op een "veilige" afstand van jezelf zonder ooit volledig de schoonheid en potentie van jezelf te beseffen.

Je krijgt dan nooit de kans jezelf te ontvangen.

Om eerlijk te zijn, heb je waarschijnlijk weinig tot geen idee van wie je echt bent, omdat je altijd een en al stekels was en nooit toestond dat de echte jij tevoorschijn kwam.

Dit vormt de echte epidemie van misbruik in deze realiteit: onze scheiding van onszelf.

Net als bij stap 1 en 2 moet je erkennen dat de stekels jou ook pijn doen, en de verhalen loslaten die je hebt bedacht over wat het betekent om vooruitgang te boeken in je eigen leven. De manier om dit te doen is door middel van vergeving en acceptatie. Dit zijn de sleutels tot deze stap en ze zijn voor niemand anders dan voor jou.

Jezelf vergeven en accepteren is de grootste vriendelijkheid die je voor jezelf kunt ontvangen.

Stap 4: Gedwongen Ontvangen Loslaten

Zoals besproken in stap 2, tijdens het ervaren van misbruik, werd je gedwongen om iets te "ontvangen" wat je niet wilde ontvangen. Dit wordt "gedwongen ontvangen" genoemd.

Hoe beïnvloedt deze ervaring uit het verleden de manier waarop je vandaag de dag aan anderen geeft?

Heb je je gedistantieerd van gedwongen ontvangen, of herhaal je eigenlijk dezelfde geschiedenis? Gedwongen ontvangen zorgt ervoor dat je steeds opnieuw afgewezen wordt. Het is wat je weerhoudt van echte eenheid in elk aspect van je leven.

Hoe weet je of je vast zit in de vicieuze cirkel van "gedwongen ontvangen"?

Je denkt dat jij weet wat het beste is voor anderen: "Hier, eet dit." "Doe dit." "Neem dit." Je geeft anderen wat jij denkt dat ze "zouden moeten" hebben in plaats van waar ze om vragen.

Eigenlijk leef je alsof je superieur bent aan anderen en niet bewust bent van wat er werkelijk gaande is. Alleen omdat je dingen voor anderen kunt doen, betekent het niet dat ze het daadwerkelijk willen. Iemand dwingen om te ontvangen wat jij denkt dat het beste voor hen is, impliceert dat je het beter weet en slimmer en bewuster bent, wat hen volledig devalueert. Het is een totaal gebrek aan respect voor hun wezen.

Dus stop met anderen jouw wil op te leggen en laat hen zijn wie ze zijn, en ontvang hen volledig voor wie ze zijn, zonder een oordeel te vellen. Eenvoudige belangstelling voor de ander helpt je een heel eind op weg in het creëren van relaties vanuit ontvangen en toelaten.

Dus hoe ga je verder voorbij "gedwongen ontvangen" en naar een andere mogelijkheid?

Stap 5: Verleid Worden Tot Ontvangen Omarmen

Het begint allemaal met bewustwording. Als je eenmaal ziet hoe je "gedwongen ontvangen" gebruikt, dan kun je iets anders kiezen.

Waarom probeer je je niet te verleiden tot ontvangen?

Toegegeven, verleiding klinkt misschien een beetje gevaarlijk voor je, zeker als je misbruik hebt meegemaakt als gevolg van het zijn of doen van iets dat een ander "verleidde" om zich aan je op te dringen.

Dus even ter herinnering, je kunt hier, net zoals in Stap 2, ervoor kiezen om dit verhaal dat je blokkeert in het ontvangen, uit te wissen.

Wat als er een "veilige" manier is om verleidelijk te zijn?

En wat als "verleid worden tot ontvangen" essentieel is om alles wat je wenst in je leven uit te nodigen? Onze daders probeerden iets te pakken waar ze geen recht op hadden. Door verleiding of een orgastisch leven uit te sluiten, blijf je in de greep van de daders. De kunst om je eigen verleidelijke zelf te worden, herstelt de ruimte van belichaming die altijd al bij je is geweest, nog voordat het misbruik plaatsvond. Claim het, het is van jou.

Door te verleiden tot ontvangen, vorm je een uitnodiging voor hetgeen je wenst. Je wordt de energie van de mogelijkheid tot betere gezondheid, relaties, geld en business.

Wat zou er nodig zijn om vriendelijkheid en zachtmoedigheid zo sterk te maken dat het alle niet-liefdevolle manieren die je hebt ervaren oplost (en waartegen je je probeert te "beschermen" met je stekels)?

Het is in deze ruimte van verleiden tot ontvangen dat je werkelijk het geschenk bent dat je echt bent: voor jezelf en de wereld.

In deze ruimte van zachte kwetsbaarheid, laat je de stekels los, er zijn geen barrières meer. Hier stroomt de energie van het ontvangen vrij en gemakkelijk.

De ruimte, de energie en het bewustzijn van het ontvangen is bruisend, levend,

krachtig, smakelijk en gewoon lekker. Het is lekker omdat jij jezelf bent.

Het is levendig omdat jij jouw energie belichaamt.

Het heeft potentie omdat vriendelijkheid je grootste kracht is.

Het is bruisend en sappig omdat je toestaat dat je hele wezen in en met deze realiteit aanwezig is, wat iedereen verandert en alles in en om je heen tot op moleculair niveau.

Verleiden tot ontvangen is de grootste vorm van vitaliteit op deze planeet. We hebben het allemaal van nature in ons, en hoe meer je het omarmt, hoe meer je je zult verbinden met de energie van expansie, zoals je zult ontdekken in het volgende hoofdstuk.

HOOFDSTUK 6

DE ENERGIE VAN DE EXPANSIE

Het persoonlijke leven dat hartstochtelijk wordt geleefd, breidt zich altijd uit tot waarheden die verder gaan dan het zelf.

— ANAIS NIN

Ik herinner me toen ik pas zeven jaar oud was, dat ik uit mijn slaapkamerraam naar de maan keek met een smeekbede die mij zwaar op het hart lag. Op die leeftijd had ik al allerlei fysieke, seksuele, emotionele, en psychische misbruik meegemaakt dat doorging tot ver in mijn twintiger jaren. En het was op dat moment, op die jonge leeftijd dat ik mijn leven committeerde aan mezelf bevrijden van wat ik de onzichtbare kooi van misbruik noem, omdat ik wist dat er iets anders mogelijk was.

Ik heb gezworen dat ik op een dag een uitweg zou vinden uit het leven dat ik leidde. Ik heb gezworen dat ik zou doen wat nodig was om een wereld te creëren waar alle kinderen 's nachts hun hoofd op hun kussen kunnen leggen en in alle rust slapen.

Het kostte jaren, veel steun en veel moed om de kunst van de energie van expansie te beoefenen. Ik heb een manier gevonden om me te ontplooien voorbij het seksueel misbruik uit mijn kindertijd en heb veel mensen geholpen om grenzeloos te leven voorbij hun eigen misbruik.

Ik reis de wereld rond om lessen te faciliteren. Ik heb een radioprogramma op *Voice America*, waar ik elke week duizenden luisteraars bereik met mijn show 'Voorbij misbruik, voorbij therapie, voorbij alles'. *('Beyond Abuse, Beyond Therapy, Beyond Anything')*.

Je zou kunnen zeggen dat ik mijn belofte aan mijn kleine 7-jarige ik heb gehouden.

Ik koos ervoor om nooit op te geven, nooit toe te geven en altijd te gaan voor wat er nog onbeperkt mogelijk was. Op dit moment wijd ik mij aan het uitroeien en elimineren van misbruik op deze planeet, zodat meer kinderen en volwassenen het 'empowered', expansieve bestaan leiden dat hun geboorterecht is.

HET GAAT NIET ALLEEN OM MISBRUIK

Even voor alle duidelijkheid: je hoeft als kind geen misbruik te hebben meegemaakt om jezelf op te sluiten in je eigen onzichtbare kooi, één die jou ervan weerhoudt om die energie van expansie en grootsheid te zijn die jij wenst.

De onzichtbare kooi kent niet één enkel genre en is meer dan blij om iedereen in zijn netten te verstrikken.

Als je in zijn greep zit, ben je er waarschijnlijk klaar voor om uit te breken en die wereld te creëren waarvan je weet dat die mogelijk is. Misschien heb je, net zoals ik, een gelofte afgelegd om dit voor jezelf te doen, maar weet je niet zeker hoe je het moet aanpakken.

Ik nodig je uit om de manieren te onderzoeken waarop de "onzichtbare kooi" je heeft weerhouden van je grootsheid, zodat ook jij je over de beperkingen van de kooi heen kunt zetten en de energie van expansie kunt belichamen.

DE ENERGIE VAN DE EXPANSIE HERKENNEN

Als je deze reis begint, helpt het om te weten waar je naartoe wil. De energie van expansie is:

▶ Je grootsheid kennen en beseffen wat een magisch wezen je werkelijk bent

▶ Een leven leiden vol plezier, vrijheid, blijheid en radicaal springlevend zijn

▶ Herkennen dat er altijd oneindig veel mogelijkheden zijn

▶ Vragen om en ontvangen wat jij wenst

▶ Verbondenheid ervaren met jezelf en anderen

▶ Datgene wat uniek is aan jou schenken aan de wereld

▶ Kiezen voor het creëren van een empowered leven voorbij alle grenzen

Nogal fantasierijk, vind je niet? Stel je voor wat voor een leven je kunt creëren wanneer je deze energie van expansie belichaamt. Om volledig vanuit deze krachtige energie te werken en die helemaal te omarmen, moeten we kijken naar drie van de grootste beperkingen van de onzichtbare kooi en hoe we daar vanaf kunnen komen om de energie van expansie te belichamen die je daadwerkelijk bent.

VAN SLACHTOFFERSCHAP NAAR EMPOWERMENT

Als kind was ik behoorlijk gesloten. Het maakte niet uit wat ik deed: ik werd nog steeds misbruikt. Ik groeide op met de overtuiging dat ik niets kon doen om aan het misbruik te ontsnappen. Ik was het slachtoffer.

En dit slachtofferverhaal droeg ik met me mee tot ik in de twintig was. Ik dronk, feestte, gebruikte drugs en vertoonde allerlei ander roekeloos gedrag in een poging om te ontsnappen aan de pijn van mijn misbruik uit het verleden. Ik gaf niet om mezelf. Ik wist toen niet hoe gangbaar het is voor kinderen die misbruikt zijn, te geloven dat ze slecht en verkeerd zijn.

De reis voorbij het slachtofferverhaal leidde me door de onzichtbare kooi naar mezelf en uiteindelijk uit de kooi, naar degene die ik echt ben. Ik ontdekte wie ik in feite was naast dat gesloten, miserabele, zelfdestructieve meisje. Ik kwam erachter dat ik aardig, knap, fenomenaal en grappig was.

Ik realiseerde me ook dat ik andere keuzes had voor hoe ik leefde en hoe ik in relatie stond tot mezelf en anderen. Naarmate ik oefende in het maken van nieuwe keuzes, kreeg ik meer zelfvertrouwen.

De oude patronen keek ik recht in het gezicht en ik erkende dat ze mij te gronde richtten. Ik koos er toen voor om mijn leven vorm te geven met wat licht en juist is voor mij. Ik koos ervoor om mezelf de kans te geven iets te creëren dat totaal anders is en toch zo verbonden met degene die ik altijd al was, ondanks het misbruik.

En hoe is het voor jou?

Is het "slachtofferverhaal" overheersend in je leven? Heb jij ook die cyclus van misbruik herhaald door zelfvernietigende patronen, en kun je inzien hoezeer dit je naar beneden haalt?

Wat als je daadwerkelijk je leven kan creëren vanuit keuze in plaats van destructie?

Als je enige vorm van misbruik in je leven hebt meegemaakt, of een vorm van "verkeerd zijn," dan ben je misschien meer toegewijd aan het arme-ik-verhaal dan aan de mogelijkheid van een leven daarbuiten. Je voelt je misschien slachtoffer van de omstandigheden, zoals ik me lange tijd voelde, alsof er niets is wat je eraan kunt doen om het te veranderen. Elke keer als ik ooit zei dat er niets was dat ik kon veranderen in mijn leven, wist ik dat ik loog. De keuze die ik maakte, creëerde het verschil tussen mij en mijn gevoelens. Ik realiseerde me dat ik niet mijn gevoelens ben, maar dat ik mijn keuzes ben.

Als je ervoor kiest, kan dit een "etappe" zijn op je reis van de onzichtbare kooi naar de energie van expansie. Ben je klaar om het geen-keus-verhaal op te geven? Zo ja, dan kunnen de volgende stappen je helpen.

3 STAPPEN VOORBIJ SLACHTOFFERSCHAP EN OP NAAR EMPOWERMENT

1. Zoek professionele hulp

Vaak zijn de mensen met wie je je problemen deelt, dezelfde mensen - familie of vrienden - die meewerkten aan het ontstaan van die problemen. Praten met een professional bevordert je overstap op je reis uit het slachtofferschap.

Je wensen voor wat je wilt creëren delen met een ander en samenwerken vanuit empowerment voor jouw keuzes, zegt veel over het overwinnen van je misbruik. Het is een waterdicht plan om radicaal springlevend te leven. De professionals met wie ik werkte, werden bondgenoten in mijn genezing. Ik sta mezelf nu toe om dat voor anderen te zijn, zoals ik dat voor mezelf ben. Veroordeel nooit hoe lang of langs welk pad de weg leidt; blijf gewoon kiezen voorbij de beklemming van wat in het begin niet eens van jou was.

2. Vertel jouw verhaal en geef al je geheimen vrij

Geheimen houden je gevangen in de rol van slachtoffer. Ze creëren schaamte en houden je machteloos, vast in beklemming en beperking. Voor elk geheim moet je ongeveer 25 redenen en verklaringen bedenken om dat geheim in stand te houden. Die geheimen worden dood gewicht en een desillusie voor de authenticiteit die je wilt. En vreemd genoeg zijn die geheimen niet eens van jou. Ze zijn meestal van de daders of van de oordelen die anderen je opleggen om te voorkomen dat je jezelf bent. Oordelen vormen een echte epidemie in deze realiteit, vooral rond misbruik.

3. Kies ervoor om het "slachtoffer-verhaal" los te laten - en verder te gaan.

Als je je verhaal loslaat en verder gaat, begin je stappen te nemen om dat magische te zijn dat je werkelijk bent. Je ontdekt de energie van expansie die buiten de kooi beschikbaar is. Het is de kunst om je verhaal los te laten en te kiezen wat je echt wilt zijn en doen. Misbruik 'voelt' aan alsof je geen keuze hebt gehad, en op dat moment had je dat waarschijnlijk ook niet. Maar in de jaren erna heb je dat wel, elke seconde van iedere dag. Ik heb besloten om mijn verhaal te laten bepalen wat ik nu creëer, en niet wat ik heb gecreëerd op basis van wat jaren geleden is gebeurd.

Als je verder gaat dan het oude verhaal over jezelf, begin je de energie van expansie te ervaren: vrijheid, blijheid en je eigen grootsheid. Je zult meer mogelijkheden voor jezelf en je leven beginnen te zien, en je zult nieuwe bronnen van je eigen potentie ontdekken op verrassende plaatsen. Dit zal het bewustzijn wekken dat je altijd jezelf was, buiten en vóór het misbruik. Misbruik hoeft je nooit te definiëren, want je bent zoveel meer, en dat ben je altijd al geweest.

VAN PANTSER NAAR KWETSBAARHEID

Als mijn moeder vloekte en me uitschold, huilde ik niet en liet ik niet merken hoe overstuur ik was. Ik deed gewoon wat er gevraagd werd, zette me eroverheen en ging naar mijn kamer om me te verstoppen. Toen ze me sloeg, 'verhardde' ik mezelf en zette ik me schrap. Ik wist dat ik niet moest huilen, want dan zou ze me nog harder slaan. Ik wist dat als ik het gewoon incasseerde en mijn onzichtbare "pantser" opzette door niet te huilen, het eerder voorbij zou zijn.

Ik groeide op met de overtuiging dat ik veiliger was als ik stoer was. Ik ontwikkelde een heel dik pantser om mijn zachte binnenkant te beschermen. Op deze manier kregen mijn misbruikers alleen mijn pantser; ze 'kregen' mij nooit helemaal.

Zoals ik eerder al aangaf, noemde ik dit fenomeen het onzichtbare stekelvarken dat zichzelf bewapent. Dit onderwerp is zo belangrijk dat ik er twee radioprogramma's aan heb gewijd (de gratis opnames vind je op mijn website, www.Dr-LisaCooney.com).

Net zoals een stekelvarken zich verdedigt met scherpe stekels, draag jij misschien ook een pantser van onzichtbare stekels. Dit is je beste poging om jezelf te beschermen tegen een wereld die niet veilig lijkt.

Maar hoe expansief kun je zijn als je je constant verdedigt?

Net zoals je hoopte dat de stekels een misbruiker weg zouden houden, houden ze nu relaties, geld, klanten en al het andere op een "veilige" afstand.

Deze stekels blokkeren je om het leven dat je wenst te ontvangen, omdat het gevaarlijk voelt om iets te ontvangen.

In hoeverre ben je nu niet uitnodigend in je leven met deze stekels? Net zoals de stekels van het onzichtbare stekelvarken naar buiten wijzen en alles in het leven (relaties, geld, klanten, enz.) op een veilige afstand houden, wijzen ze ook naar binnen en beletten ze je om vooruitgang te boeken in je eigen leven.

Op een gegeven moment, misschien lang geleden, heb je geleerd dat het niet "veilig" was om verder te komen. In je poging om aan het misbruik te ontsnappen, of om iemand over je misbruik te vertellen, heb je jezelf misschien afge-scheiden of gedissocieerd.

Hoe dan ook, je verliest jezelf in een poging jezelf veilig te stellen.

Zo blijf je jezelf bestoken met je eigen stekels, in de vorm van oordelen en het verhaal dat het niet veilig is om jezelf te zijn. Je houdt jezelf klein, misschien zelfs onzichtbaar, om te proberen te ontsnappen aan elk vermeend gevaar dat er nog kan zijn "daarbuiten."

Wil je weten wat hier het pijnlijkst aan is? Je leeft je eigen leven op een "gepantserde en veilige" afstand van jezelf, zonder ooit de schoonheid en potentie van *jezelf* volledig te ontvangen, zonder ooit de kracht van je kwetsbaarheid te ervaren.

Kwetsbaarheid is *jezelf* zijn zonder het pantser, zonder de verdediging.

Het kostte een relatie met therapeuten, healers, partners en uiteindelijk met mezelf om erop te vertrouwen dat ik "veilig" zou kunnen zijn als ik mijn pantser zou afdoen. Na verloop van tijd heb ik uiteindelijk mijn inwendige en uitwendige stekels losgelaten.

En, terwijl mijn stekels verdwenen, ontdekte ik een nieuw niveau van kwetsbaarheid dat me van pas kwam in een veel grotere hoedanigheid.

In deze zachte open ruimte, ervaarde ik eenheid met mezelf en anderen zoals ik nog nooit eerder had gekend. Ik kon vragen om en ontvangen wat ik echt wilde. En ik voelde me nog vitaler dan ooit tevoren omdat ik eindelijk mezelf en mijn leven volledig aan het ontvangen was.

Ik ontdekte dat er een potentie in kwetsbaarheid zit die heel anders voelt en eruitziet dan de kracht van "je verharden." In feite is deze potentie de beste "bescherming" die je ooit echt nodig kunt hebben.

Toch een kleine waarschuwing...

Als het pantser weg is, voel je je misschien een beetje "naakt" of zeer blootgesteld - en dat is volkomen normaal. Er is niets mis. Het is gewoon je zachte innerlijke ruimte die meer blootgesteld wordt aan een leven van verbondenheid met jezelf, voorbij het pantser.

Toch is er nog een laatste indringend aspect van de onzichtbare kooi dat je van de energie van expansie kan weerhouden, tenzij je leert hoe je je eroverheen zet.

VAN OORDEEL NAAR VRIENDELIJKHEID

Oordelen is het tegenovergestelde van expansie. Het is een vorm van beklemming en beperking, en een indringende vorm van zelfmisbruik.

Als je over een ander oordeelt, verdedig, ontken en dissocieer je wat je niet bereid bent onder ogen te zien over jezelf. Het oordeel zorgt ervoor dat je tegen jezelf blijft liegen en sluit je weer op in die onzichtbare kooi van misbruik. Deze kooi sluit je af van jezelf, van anderen, van het leven en zeker van het creëren van het leven dat je wenst.

Als je over jezelf oordeelt, word je je eigen eeuwige bewaker en sluit je jezelf nog verder op in je eigen 'verkeerd zijn'. Het oordeel brengt je terug naar het comfort van wat je kent (hoe 'slecht' je bent) en garandeert dat je nooit meer hoeft te zijn dan wat je op dit moment bent. Het verstevigt de onzichtbare kooi van misbruik.

Het oordeel houdt je klein en worstelend, als slachtoffer en machteloos, bewapend en verdoofd. Als gevolg daarvan stop je met het genereren en creëren voorbij de kooi; in plaats daarvan doe je jezelf dit aan en houd je de misbruikcyclus gaande.

Op welke manier is dit vriendelijk naar jezelf of naar wie dan ook?

De enige manier om voorbij de kooi en in de energie van expansie te komen is om voorbij oordelen te gaan. Er zijn zes stappen die je daarbij kunnen helpen.

. . .

6 STAPPEN OM DE RUIMTE VAN 'GEEN OORDEEL' TE BETREDEN

1. Ga in een rustige ruimte zitten, sluit je ogen, en haal een paar keer diep adem

2. Expandeer je energie uit, de aarde in

3. Bied je oordelen aan de aarde aan als een bijdrage

4. Stel je open om de bijdrage te ontvangen die de aarde voor je kan zijn

5. Breng je energie terug naar jezelf zonder je oordelen

6. Merk op wat je gewaar bent.

De aarde is de enige plek waar oordeel geen plaats heeft. Het is de plek waar je steeds weer naar terug kunt gaan om je oordelen los te laten en de rust en mogelijkheden tot expansie te voelen. Het is eigenlijk een vriendelijkheid om je oordelen aan de aarde te geven. Door je oordelen als mest aan de aarde te schenken, schep je nieuwe mogelijkheden voor jezelf en voor iedereen.

In de ruimte waar oordeel afwezig is, is vriendelijkheid. Vriendelijkheid is de waarheid van wie je bent en wat je altijd bent geweest.

Vriendelijkheid is een scheppende energie. Door over de hele wereld te reizen en met duizenden mensen te werken, heb ik ontdekt dat vriendelijkheid nodig is om verder te gaan voorbij het oordelen, voorbij misbruik en voorbij beperkingen. Deze scheppende energie zorgt voor een nieuw leven dat gevuld is met de energie van expansie.

Neem een moment om je het volgende voor te stellen, als een oefening...

▶ *Wat zou er over 50 jaar op deze planeet gebeuren als je koos voor vriendelijkheid?*

▶ *Wat zou er gebeuren als je het slachtofferverhaal losliet en koos voor het pad van empowerment?*

▶ *Wat zou er gebeuren als je het pantser op gaf en de potentie van kwetsbaarheid koos?*

▶ *Zouden ziektes verdwijnen?*

▶ *Zouden conflicten afnemen?*

▶ *Zou je gelukkig zijn?*

▶ *Hoe zou de energie van expansie jou openstellen voor een wereld van nieuwe mogelijkheden?*

Er is een leven voorbij misbruik, voorbij een kooi die je klein en machteloos houdt.

Je hoeft niet jong te zijn, zoals ik was toen ik op mijn zevende naar de maan zat te staren en droomde van een leven voorbij misbruik, om te beginnen met de enorme aantrekkingskracht van de energie van expansie. Het werkt voor iedereen, waar je ook bent.

Het enige wat nodig is, is dat je ervoor kiest om ermee te spelen, en dat is waar het volgende hoofdstuk over gaat.

HOOFDSTUK 7

SPELEN MET HET LICHT

Elke dag speel je met het licht van het universum.

— PABLO NERUDA

Het leven kan veel eenvoudiger zijn - en heel veel leuker - dan de meesten van ons ervan maken.

Zo eenvoudig dat het grootste deel van al die 25 jaar werken met niet-traditionele en energetische therapieën neerkomt op een groot thema: zoek uit wat niet werkt voor mensen, stimuleer ze tot een betere keuze, help ze bij het realiseren van hun wensen en bij het genereren van meerdere mogelijkheden om het leven dat zij wensen te creëren.

Als ik dit doe, zijn de resultaten verbluffend.

En het is niet alleen dat ze gelukkiger zijn, al zijn ze dat wel. Het is ook zo dat, wat het "probleem" ook is, afgaand op de medicijnen die ze nemen, de ziektes die ze hebben, het gebrek aan geld, of iets anders, dat ook verdwijnt. Poef! Als bij toverslag... en alles wat ervoor nodig is om deze resultaten te bereiken, is de bereidheid om voor jezelf te kiezen en te vragen om de energie van spelen in je leven te brengen. Dus waarom zijn er niet meer mensen die dat doen?

Dat is een heel goede vraag...

Wat ik in mijn werk heb ontdekt, is dat de meeste mensen met een geschiedenis van misbruik het heel moeilijk vinden om te spelen, plezier te hebben en los te laten. Het is niet dat ze de gelegenheid niet hebben - dat hebben we allemaal - maar spelen wordt in hun gedachten geassocieerd met iets heel anders en 'slecht.'

Bijvoorbeeld, soms draaide spelen uit op seksuele activiteit, iets dat verkeerd voelde, maar tegelijkertijd ook goed. Het is verwarrend omdat je niet echt zeker weet wat er mis is, wat goed is, of wat er aan de hand is. In dit scenario wordt spelen geassocieerd met seksuele schaamte, een gevoel van verkeerd-heid dat zegt, "Ik zou dit niet moeten doen," en alles wat daarop lijkt - lol, ongedwongenheid, lichtheid - komt overeen met het gevoel van gebrek aan controle, vergelijkbaar met hoe je je voelde toen je werd misbruikt.

Bij echt spelen ben je bezig met een activiteit voor plezier en recreatie, die uitnodigt tot het ontstaan van iets nieuws door middel van verbeelding, activiteit, mogelijkheid, schepping en creatie.

Bij misbruik verandert het spelen. Het wordt serieus en prak-tisch, alles gaat over "wat gaat er gebeuren," wat beklemt - het snijdt de vrijheid en het bewustzijn af om gewoon te stoeien, als een kind dat vrij rondrent.

Als je nog een kind bent, maak je je geen zorgen of vraag je je af of er weer iets ergs gaat gebeuren. Weinig dingen zijn nog leuker dan het element van het onbekende, de anticipatie, de verrassing.

Welk kind heeft niet gretig gevraagd, "Heb je een verrassing voor me meegenomen?" en in zijn handen geklapt van vreugde en verwachting? Aan de andere kant, voor iemand met een verleden van misbruik is een verrassing het laatste wat ze willen. Hyperalert wordt het parool. En ogen in je achterhoofd hebben of om je heen kijken wordt de overlevingsstrategie.

DE ROVER HOOFDMAN IN HET SPEL

Door misbruik word je gedwongen je lichaam op een bepaalde manier te houden, jezelf op een bepaalde manier te beperken en dingen op een bepaalde manier te doen, zodat je niet opnieuw met misbruik wordt geconfronteerd. Je begeeft je in de energie van conclusies, beslissingen, oordelen en beperkingen. Net als bij een ernstig geval van artritis word je zo star dat je jezelf elke creativiteit, ontwikkeling en flexibiliteit ontneemt. Je zit vast in wat ik de onzichtbare kooi van misbruik noem, die ik uitgebreid beschrijf in mijn volgende boek, *Kick Abuse in the Caboose.*

In deze zelfopgelegde kooi kun je geen plezier hebben omdat je altijd zit te wachten tot de volgende ramp zich aandient. Je weg vinden in het leven wordt een beetje als raften in een wildwaterbaan. In deze toestand vraag je je af: "Waarom overkomt mij dit steeds? Ik moet overal voor knokken. Niets werkt ooit voor mij, hoe hard ik ook probeer. Waarom gaat alles zo moeilijk?"

Het antwoord is dat je in wezen opgesloten zit tussen de vier "pijlers," de vier "D's" - zoals beschreven in hoofdstuk drie - die de onzichtbare kooi vormen: ontkennen, verdedigen, uitschakelen en dissociëren.

Met deze houding ten opzichte van het leven, worden zelfs de eenvoudigste vrijetijdsactiviteiten, zoals alleen wandelen, verboden terrein, omdat je te scherp bewust bent van jezelf in een wereld die een gevaarlijke plek is geworden. Voortdurend op je hoede, in de wetenschap dat je veiligheid of gemoedsrust elk moment kan worden verstoord, breidt het zich uit naar andere aspecten van je wezen. Het is overal - in je lichaam, relaties, financiën, je seksualiteit - een kwestie van beperken en verkrampen in plaats van openstaan voor nieuwe mogelijkheden.

Vanuit gezondheidsperspectief kunnen stijfheid en blokkades in je lichaam ernstige gevolgen hebben. Zonder een soepele, onbeperkte doorstroming kan er verstopping ontstaan, waardoor de bloedstroom letterlijk wordt beperkt en je organen onthouden worden van zuurstof en andere vitale elementen die je lichaam nodig heeft om probleemloos te functioneren. Na verloop van tijd kan dit gemakkelijk verder verslechteren tot chronische aandoeningen of zelfs bijnier- of hormonale stoornissen. Dat gebeurde zeker bij mij.

*In het Engels : Denying, Defending, Disconnecting, and Dissociating *

Bij relaties heb je misschien de neiging om mensen te kiezen die meer een weerspiegeling zijn van de blokkade die in je lichaam aanwezig is en vastzit, omdat dat is hoe jij weet, of denkt, dat relaties zouden moeten zijn. Je kiest energetisch voor mensen, bewust of onbewust, die je beperken in plaats van te kiezen voor degenen die samen met jou en voor je mogelijkheden creëren. Zelfs je inkomen en vermogen om geld te verdienen lopen risico vanwege je behoefte om voor zekerheid te kiezen. Een voorbeeld hiervan is het aannemen van een baan die je niet echt leuk vindt, maar je wel een salaris oplevert waar je op kunt rekenen, ook al haat je het om er elke dag naartoe te gaan. Waar is het plezier in die keuze?

Het is alsof je achterstevoren leeft, tegen de energie in, in plaats van vooruit te gaan met de mogelijkheden. Het leven wordt "Hoe veilig ben ik?" in plaats van "Hoe geweldig! Wat kan ik nog meer creëren?"

Spel en creativiteit worden aangewakkerd door verbeelding, een open geest, het stellen van vragen, een ontspannen ruimte en de mogelijkheid dat er iets inspirerend en expansief gebeurt. Dit is precies het tegenovergestelde van wat er gebeurt als je geest gegijzeld wordt in de onzichtbare kooi van misbruik:

▶ Grote behoefte aan structuur

▶ Controlerend

▶ Voorbereid op alles

▶ Behoefte om alles te weten

▶ Teruggetrokken en geïsoleerd

▶ Gespitst op conclusies

▶ Je altijd aanpassend

▶ Wantrouwen voor het onbekende

▶ Onveilig

▶ Hyper waakzaam bewustzijn

Je creatieve krachten blijven stromen door af te stemmen op de moleculaire energetica van de vrije wetenschap van pure mogelijkheden - een waar alles mogelijk is en eenheid de bron van creatie is.

In het spelen zijn er veel onbekende factoren, en hoe wordt het beter dan dat? Je mag alles en alles creëren wat je maar wilt. Maar als je enige vorm van misbruik hebt meegemaakt, kan dat "onbekende" element angstaanjagend zijn en elke creatie vernietigen.

RADICALE EN ORGASTISCHE LEVENSKRACHT

Heb je ooit gemerkt hoe lang kinderen met iets bezig blijven? Ze gaan gewoon van het ene naar het andere - geest en lichaam samen - volledig opgaand in het moment. Ze kiezen hun volgende moment op basis van wat leuk en opwindend is.

In mijn werk noem ik dit volledige, radicale en orgastische levendigheid, waarbij je hele wezen met volledige aandacht bij alles is wat je doet. Je maakt je geen zorgen over de toekomst, het betalen van rekeningen of hoe je eruitziet, en er is een groot gevoel van plezier en spelen in simpelweg aanwezig zijn.

Als er sprake is van misbruik situaties dan wil je hier helemaal niet zijn.

Orgasme gaat niet alleen over seks, het gaat ook over genieten van het hebben van een lichaam. Wat als je een roos wilt ruiken, of rozen voor jezelf wilt kopen om kleur in je huis te brengen? Wat als je aardbeien op je muesli wilt en alleen de smaak ervan al orgastisch en heerlijk is? Dat is plezierig en orgastisch! Kinderen hebben geen vooropgezette ideeën; ze hebben niet het bewustzijn ontwikkeld dat wij als volwassenen hebben geleerd, dat ons beperkt en ons weerhoudt om volop van plezier te genieten.

Als je niet in je lichaam wilt zijn, hoe denk je dat dit een relatie beïnvloedt die seksueel en sensueel is? Het is moeilijk om een fijne en orgastische seksuele relatie te hebben als je gewend bent om je lichaam te verlaten om niet te voelen wat je in eerste instantie al niet wilde voelen.

Wat kun je dan doen om jezelf volledig in je lichaam te laten zijn en volledig aanwezig in het spelen?

TWEE STAPPEN NAAR SPELEN TOE

Is jou ooit verteld, toen je opgroeide, dat je jezelf moet afvragen: "Heb ik hier nu lol in?" Voor de meeste volwassenen is kiezen voor plezier een vreemd concept, nauwelijks een keuze. Als je nog nooit in je lichaam bent geweest, heb je jezelf waarschijnlijk ook nooit de keuze gegeven om voor jezelf te vragen en te eisen. Zou je überhaupt weten welke vraag je moet stellen?

De eerste stap naar spelen is je simpelweg bewust worden dat iets niet voor jou werkt, en jezelf toestaan te zeggen: "Ik weet niet wat hier echt aan de hand is, maar iets voelt niet goed en ik kies ervoor om dat te veranderen, ook al weet ik nog niet wat ik moet vragen." Dat bewustzijn alleen al brengt je tot jezelf.

De volgende stap is vragen stellen die de energie van spelen oproepen zoals:

▶Lichaam, is dit fijn voor mij?

▶Heb ik het nu naar mijn zin?

▶Leer ik iets?

▶Expandeert dit mijn realiteit?

▶Ben ik dankbaar?

▶Geniet ik van wat ik nu ben?

▶Ontvangt deze persoon mij?

▶Ben ik in staat om te ontvangen?

▶Voelt mijn lichaam zich goed?

▶Wat is hier nog meer mogelijk?

▶Kan ik doen wat ik maar wil?

▶Leef ik mijn realiteit vol van plezier en speelsheid?

▶Wat zou ik nog meer kunnen kiezen dat nog speelser zou zijn?

De energie van spelen gaat niet over doen wat leuk was als kind, maar over de houding van plezier en die speeltuin vol mogelijkheden die je toen had in het heden. Het gaat erom wat je kunt doen om een nieuwe mogelijkheid te creëren en uit de dagelijkse beperkingen te komen.

Ik zou bijvoorbeeld de hele dag achter mijn computer kunnen zitten, e-mails versturen en mensen antwoorden, maar dat is niet echt leuk voor mij. Wat leuker is, is het doen van energetisch werk, het *Voice of America* radioprogramma, het schrijven van deze hoofdstukken, praten met mensen en mogelijkheden creëren.

Maar er was een lange tijd in mijn leven waarin spelen onveilig was, en ik stugger was en beter met vorm en structuur. Als iets dat verstoorde, raakte ik in paniek. Nu heb ik nauwelijks een structuur. Ik ga gewoon mee met de energie van "wat is" en wat er elke dag van me wordt verlangd.

Dit is wat we als kinderen doen. We gaan gewoon mee met de energie van wat er vandaag mogelijk is. Bij misbruik worden onschuldige vrijheid en die speeltuin van mogelijkheden allemaal vergrendeld, beperkt en vernauwd. Gelukkig is er een weg terug.

LICHT IS JUIST

Wat plezierig is voor mensen, is wat licht is voor hen; het is iets dat je in je lichaam kunt voelen. Lichtheid is als de waarheid, want het meest expansieve en fijnste dat je leuk vindt om te doen, geeft iedereen energie. Dat is het meest plezierige voor ons allemaal.

De energie van spelen gaat over het ontdekken van wat jouw plezierige realiteit is - emotioneel, financieel, relationeel, seksueel en anders - door te vragen:

"Lichaam, wat zou je vandaag willen doen? Met wie zou je samen willen zijn? Met wie zou je willen slapen? Wat zou je willen eten? Wat zou je willen creëren? Welk deel van de business vraagt vandaag je aandacht?"

Als mijn lichaam me vertelt, "Laten we naar de sportschool gaan," en ik ga niet, dan word ik echt ongelukkig. Naar de sportschool gaan kan een vorm van spelen zijn, het verzetten van je geest en energie. Of als het zegt: "Eet dit," en ik eet iets anders, dan negeer ik het. Het idee is om naar je lichaam te luisteren, naar het gefluister waarmee je lichaam je elke dag vertelt wat nodig is - en wat jij elke dag nodig hebt - en daarmee verder te gaan.

Je kunt deze energie van spelen betrekken bij alle beslissingen die bij jou passen. Hoe? Wat vind je leuk om te doen? Doe dat!

. . .

WAT FIJN IS VOOR JOU, DAT IS SPELEN!

Dat is als je de hele dag blijft werken zonder te eten, en je plotseling opkijkt en denkt, "Oh, wauw, ik heb niet gegeten!" Je hebt plezier, want je bent helemaal gegrepen door wat je doet. Je functioneert op de energie zoals kinderen, die er voortdurend aan moeten worden herinnerd, "Je moet nu eten... je moet nu naar bed." Ze leven in het moment met een vrijheid waar je ze uit moet halen.

Volwassenen moeten meestal opnieuw leren wat licht of zwaar aanvoelt, zodat ze, wanneer ze een keuze krijgen, dat in hun lichaam weten. Waar misbruik is geweest, is je energie geïnfiltreerd, je ruimte geschonden en je bewustzijn verdoofd. Hoe kon je weten wat licht en goed voor je is terwijl dat allemaal plaatsvond? Je weet alleen wat er mis is met je en wat slecht voor je is. Misbruik beneemt je het zicht op het leven en verdraait het zo dat het gevaarlijker en minder leuk lijkt.

Door je bewust te worden van wat licht en juist is voor je, kun je creëren wat plezierig is. Het is alsof je je moleculen herdefinieert naar wat ze wisten voordat ze werden misbruikt. Als het licht, expansief en bruisend aanvoelt, ga er dan voor. Als het zwaar en massief is, stel dan meer vragen en kies er niet voor totdat er lichtheid is. Helaas kiezen te veel van ons voor het zware en massieve en niet het lichte, en dat is hoe we wakker worden in psychiatrische inrichtingen, wachtend op medicatie.

Vergeet niet dat...

Wat licht is, is juist.

. . .

Het plezier zit erin dat je voor jezelf vraagt, zoals kinderen dat gewoon doen: "Hé, laten we dit doen!" en, "Hé, laten we dat doen!" Natuurlijk is het als volwassenen iets pragmatischer van aard, maar als je de energie van het spelen waar ik het over heb belichaamt, zul je je inspirerende, creatieve verbeelding inzetten. Het is de kinderlijke onschuld die in ons allemaal zit, ongeacht onze leeftijd, en zich in ons lichaam bevindt.

En het is net zo eenvoudig als ervoor kiezen om volledig aanwezig te zijn en te doen wat werkt voor jou - hier en nu - op de meest lichte en expansieve manier.

10-SECONDEN KEUZES

Vooral in het begin is het toepassen van "Licht en Zwaar" bijzonder effectief als je het combineert met 10-secondenkeuzes. Dit betekent dat je iedere 10 seconden een keuze maakt, waardoor je jezelf de vrijheid geeft om van gedachten te veranderen en je afstemt op wat op dat moment het meest waar is voor jou. Dat is spelen.

Het mooie van 10 seconden is tweeledig: 1) je boort meer vrijheid aan en 2) je ontdekt meer intimiteit met jezelf. Als je iets kiest en het werkt niet voor jou, dan kies je in de volgende 10 seconden opnieuw. Elke keuze geeft je een besef van wat voor jou werkt, met in gedachten dat wat gisteren voor jou werkte, volgende week misschien niet werkt, of wat een uur geleden voor jou werkte, nu misschien niet voor je werkt.

Als je nog nooit met 10-seconden keuzes hebt geleefd, zul je merken dat je vaak heen en weer slingert tussen vrijheid en beklemming. Maar we zoeken slechts één graad van verschuiving om een verandering te maken. Net als een spier bouw je dat op.

Soms wordt me gevraagd hoe dit in zijn werk gaat. Als je kiest in 10-secondenkeuzes, kun je je niet echt vastbijten in zoiets als een doel. Het gaat meer om plezier, omdat je weet dat een blij en speels leven geluk creëert. Ik stel voor dat geluk en bewustzijn de grootste doelen zijn die we op deze planeet hebben.

Denk eens aan hoeveel gelukkige mensen jij kent. Is het je ooit opgevallen dat alles hen toekomt met gemak, vreugde en glorie*?

Als ik gelukkig ben, werkt alles. Als ik in de energie van spelen zit, richt ik me alleen op expansie en mogelijkheid. Ik geniet van elk moment op deze planeet als een nieuwe mogelijkheid voor inspiratie en creatie voor een gloednieuwe realiteit - een die vreugde, plezier, mogelijkheden, spelen en geluk voortbrengt. Dat is een heel andere realiteit dan iemand die misbruikt is en denkt: "Alles is zo moeilijk en het maakt niet uit hoeveel ik doe of hoe hard ik mijn best doe, er verandert nooit iets voor mij."

In het Engels: Ease, Joy & Glory™

HOOFDSTUK 8

SPELEN IS PRAGMATISCH

De energie van spelen is niet alleen leuk, maar ook pragmatisch. Het heeft zeker gewerkt voor Warren Buffett, die in Tap Dancing to Work van Carol Loomis wordt beschreven als gemotiveerd door plezier te hebben, niet door geld te verdienen. Ik heb veel klanten gehad die hun baan opgeven voor iets waar ze echt van houden en, als ze dat doen, drie of vier keer het bedrag verdienen dat ze eerder deden.

Als je lichaam je vertelt wat het wenst en je doet het, dan wordt wat zich in je leven presenteert gemakkelijker en leuker. Door te luisteren naar wat goed voor je is en dat te doen, ben je aan het samenzweren met het universum om je leven gemakkelijker te maken – alles omdat je doet wat leuk is voor jou.

"

Omgekeerd, als iets niet werkt voor jou, verwijder het dan uit je realiteit. Dit betekent niet dat je je rekeningen niet betaalt, maar dat je liever een andere, plezieriger en blijere manier vindt om je met zaken bezig te houden.

Voor mijn rekeningen heb ik bijvoorbeeld een automatische afschrijving bij mijn bank omdat het voor mij niet prettig is om elke maand tijd te besteden aan het uitzoeken ervan. Wetende dat het elke maand wordt afgehandeld - dat is fijn voor mij, en als ik meer heb gecreëerd dan de rekeningen, betaal ik het af. Ik vind het prettig om me geen zorgen te hoeven maken dat ik ergens te laat mee ben. Dat is niet waar ik mijn aandacht aan wil besteden. Ik besteed die liever aan het creëren van een nieuwe mogelijkheid en, als dat iets is dat verder gaat dan wat ik nu heb, weet ik dat ik de vrije keuze heb om het extra geld ervoor te creëren.

DE BRUG NAAR RADICALE LEVENDIGHEID

Als de oprichter van de Jouw ROAR Leven-beweging is het doel om alle vormen van misbruik op deze planeet uit te roeien via twee overkoepelende methoden: het identificeren van de onzichtbare kooi van misbruik en mensen de "brug" naar radicaal springlevend zijn over te laten steken.

Vergeet niet dat Radicaal Springlevend Zijn bestaat uit de vier componenten, of "4 C's"*: Kiezen voor jou, Committeren aan jou, Samenwerken en weten dat het Universum samenspant om je te zegenen, en Creëren van het

*In het Engels: "4 C's": *Choosing, Committing, Collaborating, and Creating*

leven dat je wenst.

Radicaal Springlevend leven is leuk!

Je steekt deze brug over als je de energie van spelen binnentreedt en kiest wat leuk is voor jou. Het algehele doel van de energie van spelen is om jezelf op de eerste plaats te zetten.

Als je dit niet gewend bent, zal het idee om voor jezelf te kiezen een radicaal nieuw perspectief zijn. Zonder twijfel zijn mensen die misbruikt zijn geweest het meest verward door dit begrip, omdat ze anderen altijd op de eerste plaats zetten en zelf nauwelijks bestaan.

Spelen zorgt ervoor dat je je vrijheid van meningsuiting terugvordert.

Voorbij intenties en doelen, leren om voor jezelf te kiezen vanuit de energie van spelen zal je openstellen voor mogelijkheden in elk moment en je terugbrengen in eenheid met het hele leven, op een compleet nieuw niveau van gemak, vreugde en glorie.

In het volgende hoofdstuk zal ik je voorstellen aan de energie van ziel en kennis - een intrinsiek, onbewust deel van alle kinderen dat, misbruik of niet, de neiging heeft om gedropt en achtergelaten te worden op de weg naar volwassenheid.

Zoals je zult zien, hoe meer je vrienden wordt met deze aangeboren energie en deze gebruikt, hoe gemakkelijker het is om in de energie van spelen te komen

HOOFDSTUK 9

HET GEZICHT IN DE MAAN

Mijn kamer was mijn heiligdom toen ik als kind opgroeide in een extreem gewelddadig huishouden vol misbruik. Het was de enige plek waar ik kon ontsnappen aan alle gekte thuis. Er was een klein raam bij mijn bed, en elke nacht als de maan opkwam, ging ik op mijn knieën zitten om er urenlang naar te staren. Ik koesterde me in het mooie gezicht dat naar me terugkeek en voelde de glimlachende energie die me liet weten dat alles oké was.

Ik herinner me één nacht, na een van mijn lange dialogen met de maan, dat ik me omdraaide en zag dat mijn hele kamer was veranderd in alle kleuren van de regenboog, met feeën en engelen – die ik nu ken als goden en godinnen, entiteiten en godheden – die ronddansten in een uitbundig feest. Het roze licht van mededogen, het blauwe licht van schepping, alles was daar voor mij om te ervaren.

Ik begon tijd door te brengen in die speciale wereld van magische energieën en kreeg allerlei soorten inzichten over de gaven die ik bezat en hoe speciaal en anders ik in dit leven zou zijn. Deze buitenaardse wezens werden mijn vrienden en speelkameraden, en sommige nachten kon ik niet wachten om naar mijn kamer te gaan. Ik had altijd al geweten dat er iets anders bestond, dus was ik niet bang voor deze wereld. Het was zinvoller voor mij dan mijn huidige realiteit, ook al tartte het de normale tijd en ruimte.

Wat ik me realiseerde, was dat er iets anders mogelijk was en dat geen van de waanzin me kon raken als ik in die energie zat. Op dat moment wist ik dat het mijn levenswerk was om een brug te slaan tussen de spirituele wereld en de fysieke wereld en de ATP-energie van creatie aan te boren. ATP (adenosine trifosfaat), oftewel spirituele energie zoals ik het noem, voorziet ons van de energie van alles en zit in elke cel van ons lichaam, inclusief die van het universum en de aarde waarop we leven.

DE ENERGIE VAN SPIRITUEEL INZICHT

Wat is deze energie waar we allemaal een beroep op kunnen doen en mee kunnen communiceren? Wat is deze energie die door alles heen beweegt en alles creëert?

Als ik tegenwoordig aan spiritualiteit denk, denk ik niet aan feeën, engelen of entiteiten. In plaats daarvan herinner ik me iets dat Amma, een spirituele healer bij wie ik 15 jaar in een spirituele gemeenschap heb doorgebracht, altijd zei: "De kinderlijke energie diep in ons is God."

Spirituele energie is voor mij vergelijkbaar met ATP (adeno-sine trifosfaat), een molecuul dat elke cel in ons lichaam van brandstof voorziet en letterlijk de energiestroom van het leven wordt genoemd. Het is de spirituele energie die in ons lichaam zit en die wij allemaal zijn.

Er was een periode in mijn leven dat ik echt ongelukkig was: ik dronk veel, was depressief en voelde me zwaar. Niets leek goed te gaan. Ik voelde me verschrikkelijk en erg eenzaam, alsof alles buiten mij om gebeurde en ik nergens echt mee verbonden was.

Op een avond was ik aan het drinken en besloot dat ik eruit wilde stappen, dat ik er klaar mee was. Het was niet gepland, maar toen ik een bus zag aankomen, stapte ik van de stoep-rand af om er vlak voor te gaan staan. Toen voelde ik dat iets mijn schouders greep en me terugtrok. Ik was in shock. Ik keek om me heen en er was niets of niemand. Op dat moment wist ik dat er iets of iemand is die me ruggensteun geeft. Het was de wake-upcall die ik nodig had om me eraan te herinneren dat er iets is dat verder reikt dan deze realiteit, iets dat met mij verbonden is. Ik moest hier meer over te weten komen, en sindsdien heb ik me tijdens mijn reis vaak gekoesterd en begeleid gevoeld naar waar ik nu ben.

Toen ik uiteindelijk psychotherapeut werd en mijn eigen praktijk begon, werd ik ziek door een levensbedreigende ziekte. Ik begon Theta Healing® te gebruiken om mezelf te genezen, en het veranderde mijn praktijk volledig. Met deze techniek moet je echt werken aan je kennis van de ziel. Elke dag zat ik aan mijn bureau met klanten en, zoals Sheryl Sand-berg, COO van Facebook en auteur van de bestseller *Lean In*, zegt: "Leun achterover" om naar de spirituele energie te luis-teren, de energie van het weten.

Ik kwam vaak met informatie die ik niet bewust had kunnen weten, en mijn klanten keken me vaak enigszins geschokt aan. Ze vroegen: "Hoe wist je dat? Waar heb je die informatie vandaan? Dat heb ik je niet verteld." Ik moest voorzichtig zijn met mijn kennis om hen niet te overweldigen met wat ik via de spirituele energie kon aanvoelen.

In die tijd gebruikte ik hulpmiddelen zoals spiertesten en later, in Access Consciousness®, het concept van 'licht en zwaar' om mijn klanten te helpen hun eigen weten te ontdekken via hun lichaam en hen te bekrachtigen in hun eigen inzichten. Het werd me duidelijk dat ik een kanaal was, een holle rietstengel (alles stroomt door mij heen en is voor jou zonder oordeel of standpunt), voor de mensen die naar mijn kantoor kwamen vanwege mijn verbinding met deze andere sferen, realiteiten en energieën.

Zelfs voor Theta Healing® voelde ik altijd dat er een ander deel van mij was dat zich op unieke en ongewone wijze met mensen verbond. Ik wist het, en mijn klanten wisten het ook. Ze zeiden dingen als: "Je bent een andere therapeut dan ik ooit heb gehad. Je doet dit anders. Ik heb me nog nooit zo gevoeld."

Ik geloof dat ik dit vermogen heb vanwege mijn bewustzijn van de energie van het 'gezicht in de maan', mijn bewustzijn van de energie die door alles heen beweegt, inclusief onze geloofssystemen, en mijn bewustzijn van hoe de organen in ons lichaam overtuigingen opslaan die onze realiteiten vormen. Ik geloof ook dat deze realiteiten kunnen worden veranderd, getransformeerd en genezen door samen te werken met iets dat buiten deze realiteit ligt.

Bewust zijn op deze manier betekent samenwerken met de aarde en met de moleculen die inherent zijn aan de aarde, die niet anders zijn dan de moleculen van ons lichaam die ATP, onze energiebron, bevatten.

Door deze vroege ervaring met spirituele energie en kennis, en door de informatie die ik ontving, voelde ik altijd dat mijn taak was om de brug te slaan tussen het spirituele en het fysieke. Het is waarschijnlijk geen toeval dat ik een Boogschutter ben, gesymboliseerd door de Schutter en afgebeeld als zowel een menselijke boogschutter die naar de hemel richt, als een paard dat op de aarde is gegrond. Ik ben die brug voor mensen tussen onze huidige realiteit en wat er nog meer mogelijk is in andere sferen.

Met elke klant waar ik mee werk, inclusief mezelf, zoek ik naar de delen van ons die gefragmenteerd zijn en ons vermogen blokkeren om toegang te krijgen tot onze kennis en de spirituele energie. Dat kan betekenen dat we teruggaan naar een jonge leeftijd om te achterhalen waar ze nog steeds vastzitten in een bepaalde situatie van die tijd. Ik help hen direct in de ogen van hun innerlijke kind te kijken om de informatie te krijgen over wat hen nog steeds in de greep houdt en van zichzelf afsluit. We onderzoeken samen de emoties die aanwezig zijn - angst, woede, schaamte - en erkennen die vervolgens als de volwassene die ze zijn.

Dat gebeurt allemaal oog in oog met elkaar.

Als alles eenmaal is gezegd wat op dat moment nodig was, vraag ik hen altijd als de volwassene die ze zijn hun hand uit te steken naar het kind. Soms wordt dit geaccepteerd, soms niet, maar uiteindelijk werken we ernaar toe dat het kind dat doet, hetzij in die sessie of in een andere. Meestal zal het kind vragen: "Kan ik je vertrouwen?" Eigenlijk moet het de volwassene 'ontmoeten'. Voor mij is dit als het ontmoeten van onze eigen spirituele energie of innerlijke bondgenoot. Dit is ware eenheid met het spirituele.

Wanneer ze terugkomen van deze scène, is er meestal een regenboogroltrap met zowel het kind als de volwassene terug naar het kantoor waar we zijn, of de groep, en integreren we dat kind in het nu. Het mislukt nooit dat de volwassene zegt dat deze ervaring hen fundamenteel heeft veranderd. Ze worden niet langer getriggerd door dingen die hen vroeger stoorden, zoals blijkt uit dit fragment uit een verklaring van een van mijn klanten:

"Ik heb zoveel dingen geprobeerd om de aspecten in mijn leven die niet werkten, te veranderen. Ik ben zo ongelooflijk gefrustreerd geweest en vaak bijna gestopt, de ene na de andere cursus volgend, gebruikmakend van de hulpmiddelen die mij werden gegeven, wetend dat ze net zo dynamisch zouden moeten werken als ze lijken te doen voor anderen, maar niet wetend waarom ze niet voor mij werkten. Ik heb gewerkt met vele facilitators, waarvan sommigen me tot op de rand van het onderzoek naar trauma en misbruik hielpen, maar me uiteindelijk lieten spartelen zodra de deur naar het misbruik werd geopend, omdat de facilitator niet echt wist wat er nodig was toen die deur eenmaal open was. Dit was verschrikkelijk voor mij en het duurde lang voordat ik zelfs bereid was om het opnieuw te proberen.

Toen ik deze les verliet om naar huis te gaan, merkte ik dat, in plaats van de oppervlakkige ademhaling die ik mijn hele leven heb gehad, mijn adem door elke plek in mijn lichaam stroomde, alsof ik eindelijk voor het eerst echt in mijn lichaam leefde. Mijn lichaam voelt totaal anders. Mijn wezen voelt meer verbonden met mijn lichaam, en alles is zachter. Ik ben zo dankbaar dat je die ruimte hebt gecreëerd en al je geweldige vaardigheden hebt ingezet om me te helpen in contact te komen met mezelf. Ik weet dat de dingen nooit meer hetzelfde zullen zijn en dat het geschenk dat ik nu ben voor mij beschikbaar is in elk moment."

Dit is de spirituele energie, en dat is wat ik doe. Ik roep deze verdwaalde kinderen – de gefragmenteerde zielen van deze fantastische wezens – op en verbind hen met "de kinderlijke onschuld diep binnenin ons, die God is," die hen vooruitbrengt. Dit stelt hen in staat om volledige keuze te hebben, het volledige vermogen en de volledige capaciteit om in elk moment overal mee samen te werken.

Zonder deze spirituele energie en dit spirituele weten, voelt het alsof je een handleiding hebt waarbij allerlei onderdelen en stukken ontbreken. Door de scheiding die heeft plaatsgevonden, kun je de volledige eenheid van het spirituele niet waarnemen.

In mijn werk moet ik, zelfs voordat ik bij het kind kan komen, de oordelen, overtuigingen en belichamingen verwijderen die de volwassene voor me denkt te zijn. Als het lichaam vrij is van overtuigingen en oordelen die niet van hen zijn, zoals die van ouders, grootouders, culturele overtuigingen, geloften en/of verplichtingen, dan vind ik vaak kinderen die vastzitten in scènes waarin ze niet weten wat ze moeten doen. Een psychologisch compensatiemechanisme treedt in werking wanneer een deel van ons vertrekt en een ander deel blijft steken in de scène van bijvoorbeeld vierjarige leeftijd. Dat deel gaat niet dood of verlaat de scène niet; het blijft hangen in de keuken of de slaapkamer of waar de scène zich ook afspeelde.

Dit kan in allerlei situaties gebeuren. Het kan bijvoorbeeld zijn dat een moeder en vader tegen elkaar schreeuwen en een van hen dreigt weg te gaan. Wat het kind hoort, is: "Oh mijn god, mijn hele veiligheid wordt bedreigd." Ze kunnen dit niet begrijpen of erover praten, dus trekken ze zich terug en verstoppen zich in de kast in hun slaapkamer. Veertig jaar later zitten ze in therapie en staat die scène centraal als de kern van het probleem.

Veertig jaar later zijn ze in therapie en die scène staat centraal als de kern van het probleem.

Gelukkig hoeven ze er niet in vast te blijven zitten. Dit is gedeeltelijk waar mijn werk over gaat. Ik help hen dat deel terug te halen nadat we alles hebben losgelaten en erkend dat dat leidde tot de scheiding, evenals de overtuigingen die ze overnamen die niet waar zijn. Het probleem is dat ze hun leven niet creëren vanuit de eenheid die ze werkelijk zijn, maar met een deel van hen dat is gevormd door trauma en shock.

Wanneer we dat andere deel terugbrengen, voelen ze wat mijn cliënt voelde: dat alles is veranderd en dat niets meer hetzelfde zal zijn. Ze hebben nu een verbinding met hun eigen geest, hun eigen energie en hun oneindig wezen, dat fenomenaal en magisch is. Ze zijn vol van mogelijkheden en volledige keuze, hoe zwaar het ook wordt. Het is niet langer een universum zonder keuzes.

Er is een andere mogelijkheid.

Hoe verbinden we ons met de spirituele eenheid?

VERBINDEN MET DE EENHEID

De energie van het spirituele is dat deel waarvoor we veel namen hebben: God, het universum, oneindig weten; het maakt niet uit hoe we het noemen. Het is datgene wat we zien als iets bijzonders dat ons geeft en met ons samenwerkt. De energie van het weten zit van binnen: het is ons vermogen om onze intuïtie, perceptie, kennis en zijn te ontvangen.

Om meer bewust te worden van deze energieën, zijn er naast therapie of cursussen ook praktijken of ideeën die je kunt volgen. Dit zijn stappen die je op persoonlijk niveau kunt nemen om verbinding te maken met je oorspronkelijke volmaaktheid:

Zoek De Natuur Op

Een van de dingen die me houvast gaven bij het verkennen van mijn pad naar het spirituele was deelname aan sporten. Als ik voetbalde, wandelde, fietste of naar de top van een berg rende, voelde ik me sterk, lenig en vrij in mijn lichaam. Ik wist dat ik alles kon doen. Er waren geen grenzen aan mijn soepelheid en vermogen om met mijn lichaam en de aarde te verbinden. Na het actief zijn voelde ik een vrede die ademde: "Alles is oké."

Wanneer je in de energie van die ruimte bent, is alles mogelijk. Je kunt je uitbreiden met het universum en één zijn met alle moleculen. In principe gaat het om dankbaarheid voor de aarde door op de een of andere manier naar buiten te gaan en met de aarde in contact te komen.

Dus, ga je gang... knuffel een boom. Maak op blote voeten een meditatieve wandeling. Breng je lichaam en wezen dichter bij de aarde en adem in.

Mijn Geliefde Oma - De Kunst van Ontvangen

Mijn Oma gaf me de ruimte om de energie van mijzelf-zijn volledig te ontvangen in mijn wereld.

Toen ik jong was, voelde ik me als kind alleen goed bij mijn oma. Elke dag liep ik met haar naar de kerk wanneer ik bij haar was, en daar sprak ze haar gebeden uit op de kerkbanken.

Op een dag droeg ze voor: "Ooit zullen mijn ziel en ik geheeld zijn." Hoewel het gebedenboek eigenlijk niet "ziel" vermeldde, voegde zij het woord toe. Toen ik het hoorde, keek ik meteen naar haar op en hoorde een belletje rinkelen in mijn oren, alsof ik me afvroeg: "Wat is de ziel?"

Terugkijkend, realiseer ik me dat mijn hele leven een zoektocht is geweest naar de ziel en het spirituele, die voor het eerst begon door die inleidende ervaringen met de maan.

Terwijl ik aan mijn oma's voeten zat en keer op keer luisterde naar de gezangen, gebeden en psalmen en de aderen op haar handen volgde, voelde ik me getroost door de herhaling van haar woorden. Door haar 'geloof' opende ik mijn bewustzijn, mijn waarneming en mijn weten, waardoor ik me de luxe kon veroorloven om gewoon te zijn. We hebben allemaal behoefte aan ten minste één persoon, naast onszelf, die ons op de een of andere manier weerspiegelt hoe briljant we zijn. Die momenten voegen iets toe dat verder gaat dan deze realiteit. Van daaruit kiezen we zelf voor de eenheid.

Vraag

Zoals je je misschien herinnert, heb ik in Hoofdstuk Twee het belang van vragen benadrukt als een manier om met het universum samen te werken. Vragen stellen en open blijven voor antwoorden is een essentieel onderdeel van het verbinden met je weten. Het kan zo eenvoudig zijn als vragen naar de volgende stap in je leven of wat je echt wilt.

Iets dat ik heb gevonden en dat in mijn eigen leven werkt om me te verbinden met de spirituele energie en het weten, is me richten op mijn doel door het stellen van een reeks vragen en zinnen. Elke ochtend zing ik het zelfs als een liedje om mijn dag mee te beginnen:

▶ Wie ben ik vandaag?

▶ Welk groots en glorieus avontuur wacht er op mij?

▶ Wat is er nog meer mogelijk?

▶Hoe wordt het nog beter dan dit?

▶Universum, laat me vandaag iets moois zien.

▶Welke energie, ruimte en bewustzijn kan ik in mijzelf creëren?

▶Welke bijdrage van het spirituele/weten kan ik vandaag zijn en ontvangen?

Ik voeg ook iets leuks toe zoals, "Wat kan ik vandaag doen of zijn dat gelijk meer spel, plezier en vreugde zal creëren?"

Soms vraag ik mijn business dingen zoals:

▶Wat zou er nodig zijn om mijzelf vandaag financieel te overtreffen?

▶Wat heeft mijn business vandaag nodig van mij?

▶Wat zou ik vandaag willen doen?

▶Met wie moet ik vandaag spreken?

Voor mijn gezondheid zou ik kunnen vragen:

▶Hoe zou mijn lichaam vandaag willen bewegen?

▶Hoe zou mijn lichaam vandaag willen eten dat mij vult met energie en lichtheid?

Ik moet Access Consciousness® en de oprichters, Gary Douglas en Dr. Dain Heer, bedanken voor hun bijdrage aan het 'lied van mijn ziel' via vragen die me elke dag fris en levendig houden in de mogelijkheden.

Het is oké om los te laten

Soms moet je iets loslaten dat niet werkt en zeggen: "Oké, ik geef toe, dat gaat me boven mijn pet." Op een bepaalde manier is het hele creatieproces één groot loslaten, namelijk het loslaten van de gehechtheid aan wat je wenst. Verwachtingen, beslissingen, oordelen, conclusies en projecties kunnen je vermogen om te weten, waarnemen en ontvangen beperken.

Wat ik zeker weet, is dat we leven in een universum dat samenspant om ons te zegenen. Hoeveel misbruik ik ook onderging en hoe vaak ik op bepaalde momenten niet wilde leven, de energie van mijn weten hield me op de been en liet me volhouden om door die kronkelige wateren te navigeren en aan de andere kant te komen, zodat ik iets waardevols kon bieden om zoveel anderen te helpen.

Veel mensen zijn in deze realiteit de weg kwijt en zoeken naar therapie, meditatie of spirituele gemeenschappen om zich te verbinden met de energie die ik op zevenjarige leeftijd zo duidelijk zag. Ook ik heb deze dingen gedaan in een poging om te helen en me nog dieper te verbinden.

Dus, dit is wat ik me afvraag...

Het is een vraag, een oproep tot actie, als je wilt.

Als je je energie kunt uitbreiden om samen te werken met de energie van de aarde, het universum en je eigen weten, wat kunnen we dan samen nog meer creëren zodat we de energie van het spirituele te allen tijde zijn, op alle plaatsen en in elke situatie, ongeacht of we ons volledig ondersteund voelen of niet?

Wat zou ervoor nodig zijn dat de energie van het spirituele diep vanuit jouw binnenste naar voren komt en de katalysator in je leven wordt, nu en voor altijd? De wereld wacht immers op je.

De wereld wacht immers op je.

In het volgende hoofdstuk zal ik enkele stappen delen, samen met een paar eenvoudige, maar krachtige tips, die je vandaag in de praktijk kunt brengen om echt geluk in je eigen leven te ondersteunen. Ik heb deze stappen met duizenden van mijn klanten gedeeld.

Geloof me, ze werken.

HOOFDSTUK 10

DE SLEUTEL TOT GELUK LIGT BIJ JE ZELF

Je kunt rennen, rennen, wegrennen van veel dingen in het leven, maar je kunt niet van jezelf weglopen. En de sleutel tot geluk is begrijpen en accepteren wie je bent.

— DALE ARCHER

Er waren veel stappen die ik nam na die gedenkwaardige dag op de universiteit toen mijn professor contact met mij opnam. Het was niet zo dat ik plotseling geluk vond na één nacht slapen. Zoals ik al zei, moest ik twee decennia van misbruik overwinnen voordat ik eerlijk kon zeggen dat ik echt gelukkig ben. Nu voel ik me vrolijk, licht en vrij.

En jij kunt dat ook.

Of je nu wel of niet hebt geworsteld met misbruik, de kans is groot dat als je dit boek leest, er iets in je leven is dat aanvoelt als een val, een kooi. Op de een of andere manier voel je je buitengesloten van de mogelijkheid tot geluk. Het goede nieuws is dat de sleutel tot deze kooi in jezelf zit, en ik kan je helpen die te vinden en te gebruiken.

. . .

STAP 1: ERKEN DAT JE NIET GELUKKIG BENT

Geluk is alles onder ogen zien wat je bent.

Ongelukkig zijn negeren doet het niet verdwijnen. Eigenlijk zorgt het negeren ervan ervoor dat het veel langer blijft hangen dan je zou willen.

Het is als een lastige gast op een feestje: negeer hem en er komt herrie van.

Je kunt ontkennen dat je ongelukkig bent omdat je je geneert of zelfs schaamt om aan anderen toe te geven hoe ongelukkig je bent. Je staat hier niet alleen in. Ik vond het verschrikkelijk om toe te geven dat ik ongelukkig was.

Maar als je ontkent dat je ongelukkig bent, zeg je tegen jezelf dat het niets uitmaakt. *Dit is eigenlijk een vorm van verwaarlozing en misbruik.* Stel je voor dat dit deel van jou, dat zich zo ongelukkig voelt, alleen is gelaten in een kast, in het donker. Zou je dit een klein kind aandoen? Doe dit dan jezelf ook niet aan.

Als je erkent dat je ongelukkig bent, waardeer je je ervaring en waardeer je jezelf. Je laat jezelf weten: "Hé, ik ben belangrijk." Dit opent een scala aan geheel nieuwe mogelijkheden die je vanaf dit moment kunt realiseren.

Het helpt je ook om een brug te slaan tussen je verstand en je lichaam. In plaats van dat ongelukkige deel van jezelf in een kast achter te laten, ben je volledig betrokken en beschikbaar. Dit bereidt je voor op succes.

STAP 2: KIES VOOR GELUK

Geluk is kiezen gewoon omdat je het leuk vindt.

Toen ik begin twintig was, dacht ik dat het leven nooit beter zou worden. Ik geloofde niet dat ik ooit gelukkig zou zijn en dacht dat geluk alleen voor anderen bereikbaar was. Na mijn afstuderen wist ik dat ik niet terug kon naar het huis waar ik was opgegroeid. Ik wist dat dat mijn ondergang zou worden, maar ik wist niet precies wat ik wilde doen.

Geïnspireerd door mijn professor aan de universiteit besloot ik naar Arizona te verhuizen om te werken bij een jeugdcrisis-opvang. Ik koos ervoor om in een omgeving te zijn waar ik wist dat ik een verschil kon maken. Via de opvang werkte ik met kinderbeschermingsdiensten om veilige huisvesting, onderwijs en maaltijden te bieden aan kinderen die uit hun gewelddadige thuissituaties waren gehaald. Ik begeleidde deze kinderen ook. Ik wilde dat elk kind zich veilig voelde, geliefd, en verzorgd. Ik wilde dat ze 's nachts hun hoofd op hun kussen konden leggen zonder zorgen of angsten.

Het helpen van deze kinderen maakte me gelukkig.

Omdat ik een bondgenoot voor hen was, werd ik ook een bondgenoot voor mezelf. Terwijl ik mezelf de liefde en zorg gaf die ik als kind nooit had gehad, ontdekte ik dat ik verschillende keuzes voor mezelf kon maken.

De pijnlijke manieren waarop ik tot dan toe had geleefd en mijn relaties waren opgebouwd, begonnen langzaam te vervagen toen ik anders begon te kiezen. In plaats van proberen te ontsnappen door te drinken of te snuiven, koos ik voor activiteiten die goed voelden. Ik maakte keuzes op basis van wat ik nu wilde doen, niet op basis van wat ik in het verleden had gedaan.

Ik kon eigenlijk kiezen voor geluk.

Jij hebt ook een keuze. Op dezelfde manier kun je geluk kiezen door iets in je leven te brengen dat leuk is, je doet stralen en je gelukkig maakt.

Wat is dat voor jou? Een hobby? Naar de sportschool gaan? Een dansles nemen? Vrijwilligerswerk? Wat is datgene in je achterhoofd dat misschien niet logisch klinkt, maar waarvan je weet dat het je gelukkig zou maken? Het kan iets zijn dat je als kind deed, of iets dat je nooit eerder hebt geprobeerd. Wat het ook is, het kan de ingang naar geluk zijn.

Kies het.

Kies voor geluk.

STAP 3: LAAT JE VERSLAVING AAN ONGELUKKIG ZIJN LOS

Geluk is het toestaan van gemak.

Helaas zijn veel mensen verslaafd aan hun ongelukkig zijn.

Dit klinkt gek, toch? Waarom zou iemand ervoor kiezen ongelukkig te zijn?

Nou, wat blijkt? Er kunnen veel redenen voor zijn:

▶ Het is vertrouwd.

▶ Het is een manier om aandacht te krijgen.

▶ Het is een manier om contact te maken (klagen over wat niet werkt in het leven is een manier waarop je in deze maatschappij relaties aangaat).

Als het niet goed gaat, vragen mensen je mee voor een kopje

koffie, nemen je mee uit winkelen, of stellen een dagje wellness voor.

Maar als het echt goed gaat, worden sommige mensen boos op je of vragen wat voor drugs of pilletjes je neemt. Ze voelen zich niet geroepen om je te steunen of mee uit te nemen. *Eigenlijk weten anderen vaak niet hoe ze zich moeten verhouden tot iemands vreugde en succes.*

Ongelukkig zijn is een gewoonte geworden. Pessimisme heerst. Ons leven wordt vaak aangedreven door de strijd tegen wat niet werkt. Maar wat als je niet hoeft te worstelen om van ongelukkig zijn af te komen?

Verslavingen zijn een on-gemak.

Geluk is gemak.

Mensen die verslaafd zijn aan alcohol worstelen om hun gewoonte los te laten. Uiteindelijk hebben ze steun nodig om de fles als houvast echt op te geven.

Op dezelfde manier is ongelukkig zijn ook een verslaving. Om de greep van deze ziekte los te laten, moet je stoppen met denken dat je het allemaal in je eentje kunt doen. Wees bereid om steun te vragen.

STAP 4: VRAAG OM STEUN EN DEEL JE VERHAAL.

Geluk is het jezelf ontvangen als een geschenk.

Ik probeerde in mijn eentje over mijn eigen trauma en ongeluk heen te komen, maar dat bracht me nergens. Ik wendde me tot drank en drugs om mezelf tijdelijk te verdoven, omdat ik de pijn die ik voelde niet kon verdragen.

Uiteindelijk moest ik erkennen dat ik steun nodig had, dus las ik elk zelfhulpboek dat ik kon vinden. Ze gaven me inzichten in heling en geluk, en toch waren ze niet genoeg.

Het was mijn professor op de universiteit die me de steun gaf die ik nodig had door me een veilige plek te bieden om mijn verhaal te delen. Tot dan toe zaten al mijn geheimen en zorgen opgesloten in mijn lichaam, verwaarloosd en verlaten.

Hoe kun je werkelijk geluk ervaren met delen van jezelf die op slot zitten?

Om te stoppen met het kiezen van ongelukkig zijn en te beginnen met het kiezen van geluk, moet je de wortels van ongelukkig zijn onderzoeken. Dit vereist dat je kijkt naar de gebeurtenissen, situaties en relaties in je verleden die invloed hebben op jouw heden.

De zwaarte van het ongelukkig zijn wordt verlicht wanneer je een professional hebt, of dat nu een therapeut, arts of andere behandelaar is, om naar je te luisteren. Het delen van je verhaal op deze manier begint je te bevrijden uit de kooi van ongeluk.

Wanneer je dit doet, ga je van slavernij naar vrijheid, van beperking naar mogelijkheden. Je kunt geen nieuwe toekomst creëren totdat je je verleden onder ogen ziet dat je naar deze plek heeft geleid. Je moet je verhaal delen, ervan leren en ontdekken hoe je een nieuw verhaal kunt creëren.

Zodra je de hulp van een begeleider inschakelt die je vertrouwt, zul je een diep gevoel van verlichting ervaren omdat je niet langer alleen hoeft te vechten.

STAP 5: VAN BINNEN LEREN LUISTEREN

Geluk is stil worden, luisteren, en precies datgene doen wat je hoort.

Het lijkt misschien vreemd dat ik je eerst aanspoor om hulp te zoeken en daarna zeg dat je naar je eigen innerlijke gids moet luisteren, maar beide zijn belangrijk. Het werken met een therapeut helpt je veel van je innerlijke 'wrijving' op te ruimen, zodat je je kunt afstemmen en luisteren naar je eigen innerlijk kompas. Uiteindelijk is het je innerlijke gids die de sleutel tot je geluk is.

Veel mensen maken de fout om te denken dat ze gelukkig zullen zijn als ze de BMW hebben, die baan in het bedrijfsleven, het huwelijk met de "juiste persoon," het huis met de tuin en de 2,5 kinderen.

Maar dit is de waarheid...

Het creëren van een leven gebaseerd op wat je denkt dat je zou moeten hebben, of gebaseerd op wat anderen hebben, is het ticket naar ongelukkig zijn. Het maakt dat je beslissingen neemt van buitenaf naar binnen, en niet zozeer van binnenuit.

Het creëren van een leven gebaseerd op wat je denkt dat je zou moeten hebben, of op wat anderen hebben, is een ticket naar ongelukkig zijn. Het zorgt ervoor dat je beslissingen neemt van buitenaf naar binnen, in plaats van van binnenuit.

Als je de tijd neemt om naar je innerlijke stem te luisteren en die wijsheid je beslissingen laat begeleiden, begin je andere keuzes te maken

Je begint ook een nieuwe relatie met jezelf op te bouwen die is gebaseerd op vertrouwen en respect. Dit zal je helpen veel succes te boeken in het cultiveren van geluk voor jezelf en met anderen.

Waarschijnlijk heb je het grootste deel van je leven geluisterd naar de stemmen van anderen, dus het kan even duren om je af te stemmen en naar je eigen innerlijke stem te luisteren.

De volgende oefening kun je dagelijks doen om je mogelijkheid je innerlijke stem te horen, te versterken:

a. Stel een timer in voor (minstens) 5 minuten.

b. Stel jezelf deze vragen:

Wat wil ik?

Welke ervaring zoek ik?

Wat helpt me om dat te krijgen?

c. Luister naar de antwoorden en schrijf ze op. (Niet proberen de antwoorden "uit te dokteren" laat jezelf gewoon schrijven in een

golf van bewustzijn zonder in te grijpen of te stoppen).

Wanneer je luistert naar en handelt naar je innerlijke leiding, leef je van binnenuit. Dit is je ticket naar het ware geluk.

STAP 6: ONKRUID WIEDEN EN NIEUWE ZADEN PLANTEN

Geluk is jezelf toestaan om je eigen tuin te beplanten.

Om het ronduit te zeggen: als je gelukkig wilt zijn, moet je bereid zijn alles in je leven in twijfel te trekken. Je moet bereid zijn alles te veranderen wat niet bijdraagt aan je keuze om gelukkig te zijn.

Gelukkig zijn is een "interne zaak," maar de mensen, gebeurtenissen en situaties waarmee je jezelf omringt, dragen bij aan of leiden af van je geluk.

In hoeverre ben je bereid te erkennen dat iets wat je al "X" aantal jaren hebt gedaan, niet langer voldoet? En hoe vaak ga je verandering uit de weg?

Je kunt niet gelukkig zijn zonder het onkruid te wieden dat je leven heeft overwoekerd. Dus, als je eenmaal hebt erkend dat iets niet werkt voor jou:

Bedank het voor alles wat het je heeft gegeven.

Laat het los met liefde en dankbaarheid, zonder conflicten.

Nu je het onkruid hebt gewied, is er ruimte om nieuwe zaden te planten. Je kunt jezelf afvragen: "Wat gaat me gelukkig maken?"

Alles wat je hebt gedaan om deze stappen te nemen, zal je ondersteunen bij het planten van nieuwe zaden van geluk. En net als elke tuinman zijn planten regelmatig verzorgt, moet ook jij regelmatig de tuin van je leven bijhouden door het wieden en verzorgen van de nieuwe zaden die je plant.

STAP 7: ONTKETEN JOUW GROOTSHEID

Geluk is de sprong wagen in het onbekende en weten dat het vangnet tevoorschijn zal komen.

Nu wordt het echt goed - nog beter dan goed. Het wordt geweldig!

Terwijl je de stappen 1 tot en met 6 neemt, begin je een leven voor jezelf te creëren dat verder gaat dan al je bekende referentiepunten. Deze vormen geen beperking meer op wat je kunt zijn of doen. Je wordt de schepper van nieuwe mogelijkheden.

Dit is wanneer je "JOUW GROOTSHEID ONTKETENT"

en de sprong waagt naar meer geluk dan je ooit voor mogelijk hield.

En hier wordt het lastig...

Je kunt beginnen te twijfelen en jezelf afvragen: "Kan ik dit echt allemaal ontvangen?" (Herinner je stap 3 en de verslaving aan ongelukkig zijn?) Of je kunt bang zijn om de sprong te wagen.

"Zal er een vangnet zijn?" "Zal ik plat op mijn bek gaan?" Als dit gebeurt, dan is het aan jou om opnieuw te kiezen. "Kies ik ervoor om te geloven dat het Universum tegen mij is of dat die mij steunt? Ik geloof in de lucht, ook al kan ik het niet zien. Het is niet tastbaar en ik kan het niet in mijn hand houden, maar toch kan ik niet zonder. Op dezelfde manier, waag je de sprong, wetend dat het universum je rugdekking geeft en dat er een vangnet zal verschijnen.

Als je dat doet, word je gelanceerd in het leven waarvan je altijd hebt gedroomd dat het mogelijk was. De zaden die je hebt geplant, zullen uitgroeien tot meer mogelijkheden voor jou.

Onthoud dat je deze sprong pas kunt maken als je erkent dat je ongelukkig bent, kiest voor geluk, je verslaving aan ongelukkig zijn loslaat, hulp zoekt, luistert, wiedt en nieuwe zaden plant.

Nu ben je klaar om ontketend te worden.

Net als de weg met de gouden bakstenen, zijn deze stappen een solide recept voor geluk.

De echte vraag is, zul je kiezen?

Geluk is je goddelijke geboorterecht.

NAWOORD

Mochten sommige van de ideeën die je hebt gelezen nogal radicaal lijken, dat is te verwachten.

Wanneer je op een bescheiden manier hebt geleefd, je energie hebt gecontroleerd en beheerst binnen een krappe cirkel van beweging – de onzichtbare kooi van misbruik – moet het nogal fantastisch lijken, misschien zelfs buiten je verbeelding liggen, om dingen totaal anders te doen...

Om een Radicale, Orgastische, Levendige Werkelijkheid te leven.

Of, zoals ik het graag zeg...

Om je ROAR te leven!

De waarheid is dat wat ik hier heb gepresenteerd nog maar het begin is om je op weg te helpen naar Radicale Levendigheid – zoiets als 'Geef misbruik een schop onder de kont' met zijwieltjes.

(Als je meer wilt weten, zorg er dan voor dat je een exemplaar van Kick Abuse in the Caboose te pakken krijgt als het wordt uitgegeven, of bezoek mijn website op www.DrLisaCooney.com).

Toch, zoals ik in het begin heb beloofd, de instrumenten – concepten, tips en stappen – die ik hier heb gepresenteerd, zullen je begeleiden door een moeras van verzet dat je heeft vastgeklonken aan een beperkte levenservaring.

Verzet komt in vele vormen, en de meeste zien er vrij 'echt' en geloofwaardig uit. Het lijkt er echt op dat je het geld, de tijd, energie, kennis of vaardigheid niet hebt om te doen wat je wilt. Maar dit zijn geen redenen of rechtvaardigingen. Het zijn creaties, en ze komen allemaal voort uit het idee van "Er is iets mis met mij... zie je wel?"

Maar dit zijn geen redenen of rechtvaardigingen.

Het zijn creaties.

En ze komen allemaal voort uit het idee van 'Er is iets mis met mij ...zie je wel?

Als er één ding over verzet te zeggen valt, dan is het dat er altijd iets is dat tussen jou en wat je wilt staat. Maar uiteindelijk zijn het allemaal creaties – vermomde excuses – die maar één doel hebben: je tegenhouden om buiten wat je kent en als veilig beschouwt, te stappen.

Als je beter kijkt, is dit soort veiligheid relatief, een bewegend doelwit dat wordt gedefinieerd door een context die je ooit hebt gecreëerd om jezelf te beschermen. Als je leeft in een onzichtbare kooi van misbruik, gevormd vanuit een geweld-dadig verleden, wat is dan eigenlijk veilig?

Dus de volgende keer dat je weerstand voelt, bang bent om iets onder ogen te zien, of het voelt alsof je alles geprobeerd hebt en niets werkt, stel jezelf dan deze vragen:

Als ik wist dat dit mij tegenhield, zou ik dan bereid zijn om het te laten gaan?

Ben ik bereid om mijn oordeel hierover los te laten?

Ben ik bereid om 'x' te ruilen voor 'y'?

Tot slot, echte veiligheid kan alleen worden ervaren door expansie en bewustzijn, door je eigen bewustzijn in het heden. Het komt voort uit het leren herkennen en luisteren naar de fluisteringen van het bewustzijn in jezelf, vertrouwen in wat je hoort en ernaar handelen van moment tot moment.

Het zit hem in het kiezen van geluk en je daardoor te laten leiden.

Het is het *expanderen in* het gemak, de lichtheid, de vreugde en het plezier dat mogelijk is als je kiest voor jou.

En, uiteindelijk, is het leren leven met vriendelijkheid...

Voor anderen, voor de planeet, en vooral...

Voor jezelf.

Dr. Lisa Cooney is een creatieve en inspirerende leider op het gebied van persoonlijke transformatie en een expert op het gebied van welzijn voorbij misbruik. Als bevoegd huwelijks- en gezinstherapeut, PhD, Master Theta Healer en gecertificeerd Access Consciousness® Facilitator, is zij de grondlegger van Live Your ROAR! Wees jezelf! Boven alles! Magie creëren! Een internationaal erkend expert, Dr. Lisa's werk heeft duizenden mensen in staat gesteld de brug over te steken van seksueel misbruik in de kindertijd en andere vormen van misbruik naar een Radicale Orgastische Levendige Realiteit* (ROAR).

De magie van haar werk concentreert zich op kernbegrippen die ze gebruikte om zichzelf te genezen, niet alleen van misbruik in de vroege kindertijd, maar ook van een levensbedreigende ziekte. Deze essentiële principes, waaronder de 4 C's - kiezen voor jezelf, je committeren aan jezelf, samenwerken en weten dat het universum samenspant om je te zegenen, en het creëren van het leven dat je wenst - vormen de maatstaf voor diepe en blijvende transformatie.

Naast haar eigen revolutionaire en "opzienbarende" bijdragen aan transformatieve wijsheid als geheel, is ze begaafd in het gebruik van de creatieve instrumenten van Access Consciousness® en andere modaliteiten om anderen te helpen alle obstakels te overwinnen en toegang te krijgen tot hun eigen kennis – die ruimte waar ze direct toegang hebben tot de fluisteringen van bewustzijn.

Bekend om haar "Ik ga ervoor!... Wat er ook gebeurt!" benadering van het leven, leert Dr. Lisa mensen hoe ze op een speelse manier deze magische en generatieve energie kunnen gebruiken om een leven te creëren dat licht, juist en leuk voor hen is.

In het Engels:"Radically Orgasmically Alive Reality"

ERVARINGEN

Dr. Lisa Cooney is een geweldige facilitator! Ze zoomt direct in op wat er aan de hand is en begeleidt je met koesterende steun. Ze schijnt een helder licht op de verborgen plekken waar je niet uit weet te komen. Ik heb enorme veranderingen ervaren en nieuw bewustzijn gekregen over waarom ik doe wat ik mezelf en de mensen om me heen aandoe. Ze geeft me de hulpmiddelen om zelfs de diepste, donkerste trauma's van mijn leven te transformeren. Ze heeft me geholpen om mijn ware, mooie zelf te ontdekken. Ik heb nu echte keuzevrijheid in mijn leven om te leven zoals ik dat wil! Ik raad Dr. Lisa Cooney ten zeerste aan als begeleider, voor body-classes en radicaal levendig leven-classes!! - Sherri Jorgensen

Er is zoveel veranderd in mijn leven sinds ik Dr. Lisa voor het eerst hoorde spreken over het creëren en zijn van Radicale Levendigheid voorbij misbruik. Hoewel ik me niet identificeer met een verleden vol misbruik, verbaasde het me hoeveel haar wijsheid alles kan veranderen... voorbij misbruik! Mijn relatie met mijn lichaam is anders en beter, en ik geniet meer van mijn lichaam dan ooit tevoren. Mijn relaties met anderen zijn makkelijker geworden en ik werk nu samen met anderen in het bedrijfsleven, wat ik eerder altijd vermeed. Bovendien kies ik voor mezelf op een heel nieuw niveau en creëer ik een leven dat voor mij werkt. Dit zijn slechts enkele manieren waarop Radicale Levendigheid tot nu toe aan mij is verschenen. Hoe kan het nog beter worden? - Donna Hildebrand

Werken met Dr. Lisa is het beste wat ik ooit voor mezelf heb gedaan! Mijn leven is veranderd op manieren waar ik vroeger alleen maar van kon dromen. Ik heb een leven lang slachtoffer zijn achter me gelaten. Daardoor ben ik in alle opzichten zelfverzekerder en gezonder geworden – fysiek, mentaal, emotioneel en spiritueel. Ik kon een vreselijke baan achterlaten, mijn inkomen verdubbelen en een nieuw bedrijf opbouwen. Ik ben meer dan honderd pond afgevallen en heb nu een gezonde relatie met een liefdevolle partner. Dank je wel, dank je wel, dank je wel.

- Tricia

Dr. Lisa is zo'n krachtige en toegewijde healer, die in staat is om elke blokkade die aan haar wordt gepresenteerd vast te houden en te transformeren. Dit creëerde een sfeer van diepgaand vertrouwen en veiligheid, waardoor ieders diepste angsten, blokkades en kernovertuigingen naar de oppervlakte konden komen om te worden geheeld. Het is een verbazingwekkend geschenk om te werken met een van de machtigste healers ter wereld. -Stephen

"Lisa is de BESTE! Als voormalig gouden medaillewinnaar en wereldkampioen steun ik volledig het baanbrekende werk dat Dr. Lisa doet op het gebied van individuele empowerment en healing. HET WERKT!"

- Patrick